Collection folio junior

dirigée par
Jean-Olivier Héron
et Pierre Marchand

J.H. Brennan

L'Antre des Dragons

La Quête du Graal / 2

Traduit de l'anglais
par Janine Hérisson

Illustrations de John Higgins

Gallimard

Titre original :
The Den of Dragons

Avis aux lecteurs téméraires !

L'Antre du Dragon est le deuxième volume de la série intitulée La Quête du Graal. Un livre dont VOUS êtes le héros. Dans quelques pages, vous allez être précipité à l'époque du roi Arthur, et des Chevaliers de la Table Ronde, dans le fabuleux Royaume d'Avalon terrorisé par des monstres épouvantables, des sorciers aux pouvoirs immenses et des êtres malfaisants aux formes les plus répugnantes. C'est de Camelot, où siège le roi Arthur entouré de sa cour, que partent les Chevaliers de la Table Ronde en quête de hauts faits à accomplir. Pourtant, c'est VOUS qui avez été choisi pour entreprendre la mission la plus périlleuse de toutes : poursuivre et faire disparaître à tout jamais un gigantesque Dragon qui ravage le pays, semant sur son chemin la destruction et la mort. Mais votre route est semée d'embûches et de pièges, et vous rencontrerez des créatures infâmes que vous devrez combattre et détruire, au péril de votre vie.

Pour progresser dans ce livre d'aventures, vous avez besoin de deux dés, d'un crayon et d'une gomme. Dressez une carte au fur et à mesure de vos découvertes et de vos rencontres, notez tous les détails de votre mission sur la *Feuille d'Aventure* que vous trouverez en pages 34 et 35. Et si le personnage que vous allez bientôt rencontrer vous semble quelque peu étourdi et confus, la Règle des Combats que vous trouverez en fin de volume vous sera d'un grand secours. Bonne chance !

Village de la Pierre qui Mue

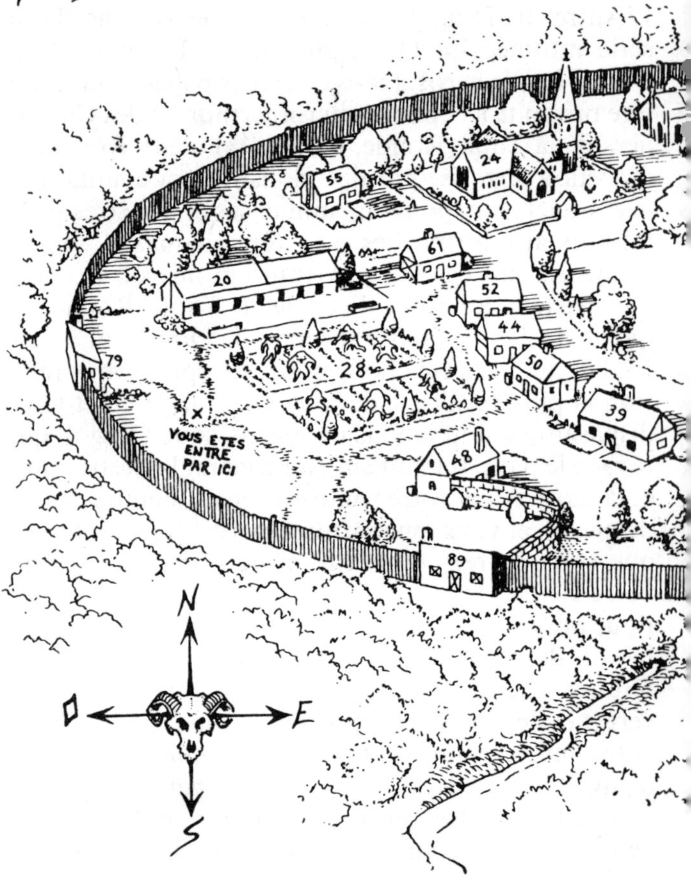

57
40
66
30
47
34
54
60
72
41
63
51
45
38
43
33
69
74

Merlin

Allo ? Allo ? Il y a quelqu'un ? Vous m'entendez ? Vous me recevez ?
Je parle dans un coquillage. Une conque, pour être précis. Quatre chevaliers et un sergent d'armes s'imaginent que je suis devenu cinglé, mais ils ne connaissent rien à la magie. Non. Vraiment rien. Lorsqu'on est magicien comme moi, on peut se servir d'une conque comme d'un téléphone (ce qui est tout aussi bien puisque, de mon temps, le téléphone n'avait pas été inventé).
Allo ? Il y a quelqu'un à l'autre bout de ma conque ? Ici Camelot à l'appareil. Me recevez-vous ? Vous. Oui, VOUS ! Assis là, en train de lire le livre de la Quête du Graal. Il fait partie de ma magie, ce livre. Oui, parfaitement. Et il joue un rôle très important. *Vous êtes en train de lire un SORTILÈGE,* le saviez-vous ? Je l'ai écrit moi-même et envoyé à travers le Temps sous la forme d'un livre. C'est un sortilège en forme de filet. Il capture votre esprit pendant que vous lisez le livre. Il le capture comme un poisson. Je relève alors le filet et voilà, que vous vous retrouvez dans mon Époque. Votre esprit, en tout cas. Votre corps quant à lui reste plus ou moins là où il se trouve.
Vous aimeriez bien visiter mon époque, n'est-ce pas ? Elle est pleine de merveilles. Des chevaliers, des écuyers, des tournois, des quêtes héroïques... C'est le

Temps du roi Arthur, le Temps de Camelot et de la Table Ronde.
Je veux que vous veniez me rendre visite, car j'ai *besoin* de vous : les Dragons nous posent quelques problèmes. Rien de bien important pour vous, et vous en viendrez vite à bout. Comment faire pour me rejoindre ? Ce n'est pas très compliqué. Continuez seulement à lire ce livre, voilà tout. Tournez encore quelques pages, et le sortilège commencera à opérer. Il n'y a rien de bien difficile à faire, n'est-ce-pas ?

Ah, j'allais oublier. En arrivant ici, vous constaterez que vous êtes devenu Pip, le fils adoptif du fermier John et de sa femme Myriam. Pip a mené, ces derniers temps, une vie assez paisible. Mais cela va changer !

Un dernier détail : il faut que vous vous procuriez des dés. Des dés ordinaires à six faces, avec, si possible, des petits points noirs. Un seul dé peut suffire, mais si vous en trouvez deux ce sera plus pratique. Il vous faut également une feuille de papier, de quoi écrire, et une gomme. Voilà tous les accessoires dont vous aurez besoin. Alors, allez vite les chercher avant d'entreprendre quoi que ce soit d'autre, et en route vers l'aventure !

Menace sur Avalon

Il arrivait toujours des catastrophes lorsqu'il pleuvait en août. En particulier pendant la première quinzaine du mois. Les vieux du pays levaient alors les yeux vers le ciel plombé, et marmonnaient d'un air sombre : « Pluie en août, la première semaine, temps troublé pendant l'année prochaine ». Et ceux qui, d'aventure, les avaient entendus ne pouvaient s'empêcher de terminer cette vieille maxime : « S'il pleut toujours la deuxième semaine, la paix ne sera plus qu'espérance lointaine. » Eh bien, il avait effectivement plu durant la première semaine d'août de l'année précédente. Et pendant la deuxième et la troisième semaine, d'ailleurs. En fait, la pluie ne cessa de tomber pendant une bonne partie du mois de septembre, à tel point que tout le monde en avait par-dessus la tête d'entendre les vieux marmonner d'un air sombre dans leur barbe. Chacun était en outre d'une grande nervosité. Car un temps humide en cette saison était propice à la naissance des Dra-

La foudre avait frappé par deux fois
le chêne du Druide...

gons et, par conséquent, à une prolifération catastrophique de ces cracheurs de feu, lorsqu'ils atteindraient leur maturité l'année suivante. Les Chevaliers de la Table Ronde s'employaient de leur mieux à exterminer ces créatures malfaisantes, mais ils n'étaient pas suffisamment nombreux pour suffire à la tâche. Les Dragons se déchaînaient donc avec fureur, incendiant les toits de chaume, dévorant les troupeaux, terrorisant des villages entiers, enlevant les jeunes filles.

Mais ce n'était pas tout. Au cours de ce même mois d'août, des *présages* étaient apparus. Du moins, les vieux du pays, encore eux, l'affirmaient-ils. Ainsi, la foudre avait frappé par deux fois le chêne du Druide, sur le terrain communal de Glastonbury au cours d'un orage particulièrement violent.

« Tout le monde sait que la foudre ne frappe jamais deux fois au même endroit », marmonnaient les vieux du pays d'un air sombre. « C'est un présage, pas d'erreur. »

Et puis, il y eut l'histoire du fossoyeur qui avait réussi l'exploit de s'enterrer lui-même dans la tombe qu'il était en train de creuser. Lorsque le cortège funéraire arriva avec le cercueil, il n'y avait pas de fosse bien délimitée. Il y avait seulement un léger affaissement empli de terre meuble sous laquelle reposait l'infortuné fossoyeur, maintenant aussi mort que ses anciens clients. L'enquête conclut à l'accident, un glissement de terrain provoqué par les pluies persistantes. Mais cette explication était loin de satisfaire les vieux du pays.

« Le vieux Silas n'aurait jamais commis une erreur pareille », marmonnaient-ils d'un air sombre, parlant du défunt fossoyeur. « C'est un présage, pas d'erreur. »

Ainsi se poursuivit le pluvieux mois d'août. Une énorme météorite creusa un profond sillon dans la prairie du fermier Gabriel et tua cinq de ses moutons. Un veau à deux têtes naquit dans le troupeau qui fournissait en lait les moines d'Abbey. Le faucon favori du roi Arthur se libéra de sa longe pour s'envoler en direction du sud, et on ne le revit plus jamais.

Et, pour une fois, il s'avéra que les vieux avaient parfaitement raison. L'année suivante fut absolument catastrophique. De jeunes et vigoureux Dragons surgissaient dans tout le royaume, une nouvelle génération apparaissant aussi vite que les Chevaliers débordés réussissaient à se débarrasser des vieux. Mais là n'était pas le pire. Ce pullulement de Dragons pouvait facilement s'expliquer, puisque le mois d'août pluvieux avait favorisé leur reproduction. Mais les présages semblaient indiquer autre chose. Les vieux attendaient patiemment, en hochant la tête d'un air sombre chaque fois qu'étaient signalés de nouveaux ravages provoqués par les Dragons... « Le pire est encore à venir, disaient-ils. C'est tout vu ! »

Le pire survint en juin, par une journée sans nuages annonciatrice d'un été long et sec. Le matin de ce jour-là, un chariot, arborant sur ses flancs un blason ecclésiastique, arriva à grand bruit et à l'improviste aux portes de Camelot, avec une précipitation bien peu sacerdotale, et il en surgit, exigeant une audience immédiate du Roi, un imposant envoyé de Son Éminence l'archevêque de Canterbury. Il fut aussitôt reçu ; cela va sans dire, et bien qu'il eut tendance à se montrer pompeux, il réussit à capter l'attention du roi Arthur dès les premiers mots qu'il prononça. Ces mots étaient les suivants : « Votre

Majesté, un Dragon de Bronze s'est évadé de l'Enfer ».
Ce qui, bien entendu, ne correspondait pas vraiment à la vérité. Les Dragons de Bronze sont extrêmement rares à Avalon, (et partout ailleurs, entre nous) et leurs origines étaient l'objet d'une controverse considérable. Les gens d'Église, de façon générale, les croyaient engendrés dans l'Enfer même, et ils l'affirmaient, d'un ton dogmatique, chaque fois que le sujet était abordé dans une conversation. Mais l'origine infernale des Dragons de Bronze n'avait jamais été prouvée de façon satisfaisante et un courant d'opinion soutenait que ces monstres provenaient d'ailleurs. La vérité, c'était que personne n'était bien fixé là-dessus. (Pas même les vieux du pays qui croyaient tout savoir.) Ce que nul n'ignorait, en revanche, c'était que les Dragons de Bronze étaient une espèce particulièrement redoutable.
Un mot sur les Dragons en général ne serait peut-être pas superflu ici, car peu de gens sont familiarisés avec cette race. Le Dragon banal (celui qui se reproduit en août s'il pleut) est un reptile à la peau grisâtre, couvert d'écailles, avec une crête sur le dos, qui pèse dans les six tonnes et peut atteindre une longueur de cinq mètres. Il en existe deux espèces principales : ceux qui se meuvent sur quatre pattes et dont les doigts sont griffus, et ceux qui se déplacent surtout sur leurs deux pattes arrière, se servant de leurs deux pattes avant, plus courtes, comme de bras. Ces derniers, qui sont en général plus intelligents, n'ont de griffes qu'aux pattes arrière. Leurs pattes avant sont devenues en quelque sorte des mains.
Les deux espèces sont agressives, féroces, et extrêmement difficiles à tuer, leurs épaisses écailles leur

tenant lieu d'armure naturelle. Toutes deux sont carnivores ce qui explique les disparitions de bétail et, probablement, les enlèvements de jeunes filles. Et toutes deux ont en commun une étrange habitude : consommer des feuilles de châtaignier durant les soixante-quinze minutes qui suivent le lever du soleil. Ce goût pour les feuilles de châtaignier n'a rien à voir avec la faim. Les feuilles consommées à cette heure-là ne suivent pas les voies digestives normales (qui s'ouvrent deux heures seulement après que le reptile soit endormi), mais descendent dans un deuxième estomac, disposé un peu en avant et un peu plus bas que celui dans lequel est digérée la nourriture. Là, dans ce deuxième estomac, les feuilles se transforment en une couche d'humus qui, sous l'effet de la chaleur corporelle du Dragon, émet de grandes quantités de méthane.
Le méthane, comme vous le savez sans doute, est extrêmement inflammable. Ce que vous ignorez peut-être, c'est que lorsque le Dragon a atteint l'âge de quatre mois, ses crocs supérieurs se hérissent de protubérances cristallines tandis qu'une mince couche métallique recouvre ses crocs inférieurs. Résultat de ces modifications : lorsque le Dragon claque violemment des mâchoires, une étincelle jaillit. Cette étincelle met le feu au jet presque continu de méthane qui émane du deuxième estomac, produisant le souffle enflammé du Dragon, si caractéristique de l'espèce.
Bref, les Dragons sont des créatures tout à fait redoutables. Mais comparés au Dragon de Bronze, les Dragons ordinaires font figure de petits chats. Dans toute l'histoire de l'humanité, cinq apparitions seulement de Dragons de Bronze ont été reconnues véridiques : deux en Asie, une en Europe, une en

Espagne et une qui survint à Londinium avant le départ des Romains. Dans chacun des cas, les ravages furent considérables. Les trois quarts de Londinium furent démolis ou détruits par le feu, et *dix-sept* des meilleures légions romaines complètement anéanties avant que le monstre n'avalât tout le stock de bière d'une brasserie. Complètement ivre, il tomba dans la Tamise et s'y noya.

Si l'histoire du Dragon ordinaire est relativement bien connue, personne n'a la moindre idée de l'origine des Dragons de Bronze, ni des lois qui président à leurs brusques apparitions, ni de la façon de se débarrasser d'eux quand, effectivement, ils sont là. En règle générale, un Dragon de Bronze surgit comme par enchantement, se déchaîne pendant plusieurs mois ou plusieurs années, puis disparaît tout simplement. (Le trépas par noyade du Dragon de Londinium fut tout à fait exceptionnel.) Nul n'a jamais réussi à en tuer un, qu'il fût noble ou roturier. Cet échec retentissant s'explique en partie par le fait que les Dragons de Bronze, d'après certaines indications, disposeraient d'un pouvoir magique. Rien d'étonnant donc à ce que l'Église les considère comme créatures échappées de l'Enfer.

— Un Dragon de Bronze ! s'exclama le roi Arthur d'une voix altérée.

— Échappé de l'Enfer, confirma sombrement le messager de l'Archevêque.

Sur quoi, les divers conflits qui couvaient à la cour explosèrent au grand jour, et tout le monde se mit à parler en même temps, à défaillir, à crier, à courir en tous sens, bref à réagir de mille façons à la nouvelle. Ce fut l'affolement. Le roi Arthur dut attendre que

« Un Dragon de Bronze ! », s'exclama le roi Arthur.

l'ordre fut restauré avant de pouvoir entendre la suite de l'histoire.
Pour commencer, aucun doute n'était permis : le monstre était bel et bien un Dragon de Bronze. Bien que rare, c'était une espèce parfaitement reconnaissable. Tout d'abord, ils atteignent deux fois la taille d'un Dragon ordinaire, et même plus, et leur couleur, loin d'être grise, est d'un bronze métallique, luisant et étincelant sous le soleil. Sans parler de leur pouvoir magique. De façon générale, on attribue aux Dragons de Bronze toutes sortes de prodiges, y compris la faculté de parler. Personne n'avait encore entendu parler ce Dragon de Bronze en particulier, et pour l'instant il se bornait à apparaître et disparaître à l'improviste sans que personne sût d'où il venait ni où il était parti. Mais cela suffisait bien à montrer qu'il y avait de la magie là-dedans.
La première apparition signalée du monstre se produisit près d'une forêt à proximité de Winchester, où il s'amusait apparemment à démolir la cabane d'un bûcheron. L'artisan qui le vit avait quelque peu abusé de la boisson, si bien qu'on n'accorda pas à son histoire tout le crédit qu'elle méritait, bien que la cabane en ruine fût une preuve évidente pour tous. La créature se manifesta ensuite brièvement en Cornouailles (mais le fait que le roi Arthur, qui avait de la famille en Cornouailles, n'en entendit jamais parler, demeure un mystère). Plusieurs pêcheurs prenant la mer pour aller comme chaque jour poser leurs filets, l'aperçurent, cramponné à la paroi d'une falaise. Comme ils étaient au régime sec, vertu inséparable des marins, on les crut sur parole, bien qu'un groupe d'hommes d'armes, envoyé sur place pour enquêter, ne pût découvrir la moindre trace de son passage sur la falaise ou à proximité.

Il y eut peut-être une troisième manifestation beaucoup plus au nord, où *quelque chose* (mais personne ne put préciser quoi) avait percé d'énormes trous dans les vestiges du Mur d'Adrien, ces vastes remparts construits par les Romains pour empêcher les cupides Ecossais de marcher vers le sud pour vendre du whisky.

Mais le pire fut l'attaque lancée contre le monastère de Cerne Abbas, cet antique berceau du savoir, que domine la statue d'un géant grossièrement sculptée dans le flanc d'une colline à l'époque préhistorique. Ce fut de cette colline même qu'arriva le Dragon de Bronze. Les survivants affirmèrent qu'il était de la taille d'un château, avec des yeux gros comme des assiettes à soupe, crachant des flammes longues d'une centaine de mètres. Le sol tremblait à chacun de ses pas. Son rugissement évoquait les roulements du tonnerre. Et ainsi de suite. Tout ceci était grandement exagéré, sans aucun doute, comme il advient souvent en pareil cas. Mais il n'en demeurait pas moins vrai que le monastère de Cerne Abbas avait cessé d'exister. Ses murs de pierre étaient en ruine comme s'ils avaient été fracassés à coups de bélier. La charpente n'était plus qu'un amas de cendre. Toutes les tapisseries, les meubles et une collection de livres, de manuscrits et de vieux parchemins d'une valeur inestimable, étaient partis en fumée. Le supérieur avait été brûlé vif en essayant de sauver dans la chapelle du monastère une relique de la Vraie Croix. Cent soixante-dix-huit moines furent ensevelis sous les décombres. Des troupeaux de vaches et de moutons furent retrouvés morts et mutilés dans les pâturages du monastère. Le potager lui-même était enfoui sous une couche de fumier nauséabond qui, contrairement au fumier ordinaire, tuait les plantes au lieu de favoriser leur croissance. Seuls deux jeunes moines sortirent vivants de ce désastre. (Ils s'étaient vu infliger une marche de quinze kilomètres comme punition pour avoir parlé à la chapelle, ce qui tend à montrer que cela ne paye pas d'être *toujours* vertueux.) Et le seul objet qui fut sauvé, fut un vitrail représentant le Saint-Graal. Comme ce vitrail avait été épargné contrairement à toute vraisemblance, la conclusion s'imposa que toutes ces destructions étaient l'œuvre du Démon —le Démon ne pouvant nuire à une chose aussi sacrée que le Saint-Graal.

Ce fut une catastrophe d'une ampleur presque inimaginable, et qu'un Dragon de Bronze en fut responsable ne faisait aucun doute. Si les deux jeunes moines n'avaient rien vu, il n'y avait pas moins de quatre-vingts pélerins de Londinium, qui se rendaient à Cerne Abbas pour admirer cette même relique qui avait provoqué la mort du père supérieur, qui avaient assisté (à distance respectueuse) à la scène, et vu la créature se déchaîner.

Quand la nouvelle parvint à l'Archevêque (qui était en général le dernier informé de quoi que ce fut, en raison de son caractère irascible), elle suscita chez lui une réaction prévisible. Sa fureur le poussa à de telles extrémités de langage qu'on entendit un des marguilliers déclarer qu'il aurait, de loin, préféré affronter le Dragon lui-même. Mais les gens coléreux sont prompts à se calmer et l'Archevêque n'était pas stupide. Il se rendait bien compte que si un Dragon de Bronze sévissait dans le pays, il fallait prendre des mesures pour l'en empêcher, et de toute urgence.

Aussi, dès qu'il eut retrouvé son sang-froid, il expédia un messager à Camelot : ce même messager qui racontait maintenant cette triste histoire au roi Arthur. Et le Roi, qui faisait partie des gens convaincus du pouvoir magique des Dragons de Bronze, dépêcha à son tour un messager. Ce messager avait comme consigne de retrouver Merlin l'Enchanteur.

Dans la grotte de cristal de Merlin

Encore tout étourdi, vous ouvrez les yeux. Des lumières dansent et éclatent en tourbillons fantastiques, comme si vous étiez tombé dans un kaléidoscope géant. Les couleurs vibrent, se fondant en dessins fabuleux, en motifs délicats. Votre joue droite brûle comme si vous aviez été giflé.

— Allons, allons ! il n'y a pas de temps à perdre.

Un vieillard à la barbe blanche est penché sur vous, son chapeau pointu de travers. Derrière lui, les couleurs chatoyantes dessinent un arc en ciel.

— Quoi ? demandez-vous stupidement.

— Allons, Pip, reprend le vieil homme d'un ton irrité. Réveille-toi. Et ne fais pas mine de ne pas me reconnaître. Tu sais très bien qui je suis. Ou tu vas l'apprendre. Merlin. Tu as compris ? Merlin. Allez, répète : *Merlin.*

— Merlin, répétez-vous, en fronçant les sourcils.

— Voilà : Merlin. Bien. Parfait. Nous faisons des

« Moi, Merlin ! »

progrès. Et tu es Pip. Il pointe un doigt osseux sur sa poitrine, puis dans votre direction. Moi Merlin. Toi Pip.

— Moi Pip. Vous Merlin, répétez-vous, vous sentant un peu ridicule.

Vous vous redressez sur votre séant. Vous vous trouvez dans l'endroit le plus étrange que vous ayez jamais vu : une vaste grotte de pur cristal. Des stalagmites de cristal montent du sol. Des stalactites de cristal pendent du plafond. Les parois sont irrégulières, composées d'affleurements de cristal à l'état brut. La voûte est en cristal. Le sol est en cristal. Vous êtes étendu sur une grande dalle rectangulaire, elle aussi en cristal. La grotte est illuminée par un nombre incalculable de torches, car chacune d'elles se reflète à l'infini dans le cristal, et il est impossible de les compter. Vous tournez lentement la tête. Des blocs de cristal naturel ont été taillés en multiples objets : il y a des tables de cristal, des bancs de cristal, et même un siège qui ressemble singulièrement à un trône de cristal, sous un dais de cristal. Les placards et les commodes mêmes sont en cristal, si bien que l'on distingue aisément leur contenu.

— Merlin ? répétez-vous. C'est vous ?

— Oui, oui, marmonne Merlin avec impatience. Moi, sans le moindre doute, et en grand danger de voir ma pension supprimée. Sale affaire ! Es-tu enfin bien réveillé ?

Vous acquiescez d'un signe de tête, encore médusé par le décor qui vous entoure. Merlin remarque votre expression.

— Ma grotte de cristal, explique-t-il. Intéressant, n'est-ce pas ? Très peu de gens sont entrés ici, sais-tu, à part moi, bien sûr. Très peu. J'ai amené une fois Attila le Hun, mais il a brisé plusieurs de mes meubles. Alors je ne reçois plus beaucoup ici, maintenant. Cette grotte sert surtout pour la magie... Le cristal concentre l'énergie de la terre, comprends-tu, ce qui facilite les opérations magiques. Tu es bien réveillé, à présent ?

Vous acquiescez de nouveau. Mais, bien réveillé ou pas, vous nagez toujours en pleine confusion.

— Eh bien, reprend Merlin, maintenant que tu es ici, je ferais mieux de t'expliquer en quoi consistent mes ennuis. Un Dragon de Bronze. Voilà le problème. Il a détruit tout un monastère, moines compris. C'était probablement mérité, bien sûr. Personnellement, je ne peux pas supporter les moines. Ils sont toujours en train de fureter à petits pas dans des cloîtres au lieu de se rendre utiles. Mais l'Archevêque était furieux, et le Roi tient à rester dans ses bonnes grâces. Alors ma pension sera supprimée, à moins que nous ne trouvions une solution. Ou plutôt, à moins que *tu* ne trouves une solution, Pip. Car c'est réellement une mission qui ne peut être confiée qu'à un spécialiste. Un aventurier capable de se débarrasser des Dragons de Bronze. Tu sais comment on s'en débarrasse, n'est-ce pas ?

— Non, dites-vous en secouant la tête.

— Peu importe, tu le sauras bientôt. Le truc, avec les Dragons de Bronze, c'est de les tuer avant qu'ils ne vous tuent. Rien de plus simple, tout compte fait. A part la fermeture de la Porte, bien entendu.

— La Porte ? demandez-vous d'un air stupide.

— La Porte, répète Merlin. Tu n'es pas de ces imbéciles qui s'imaginent que les Dragons de Bronze viennent de l'Enfer, j'espère ?

— Non, répondez-vous prudemment, bien qu'en vérité, vous n'ayez pas la moindre idée sur la question.

— Bien, dit Merlin. Car ils n'en proviennent pas. Ils viennent du Sinistre Royaume des Morts. Absolument ! Tous sans exception. Le Sinistre Royaume des Morts est ce qu'on pourrait appeler leur *habitat naturel.* Et c'est un habitat naturel particulièrement affreux. Mais ça, c'est une autre histoire. Alors, quand on trouve un Dragon de Bronze se promenant autour d'Avalon, ou n'importe où sur terre, d'ailleurs, cela prouve que l'une des Portes du Sinistre Royaume des Morts doit être ouverte. Sinon, le Dragon n'aurait pas pu sortir, pas vrai ? Alors, nous devons, ou plutôt tu dois, tuer le Dragon, puis refermer la Porte. Il n'y a pas d'autre solution. Si nous laissons, si tu laisses la porte ouverte, Dieu sait ce qui pourrait encore sortir. Les Dragons de Bronze ne sont pas ce qu'on peut trouver de pire dans le Sinistre Royaume des Morts ; c'est pour cela qu'on le qualifie de *sinistre.* Alors tu vas te mettre en route pour nous retirer cette épine du pied. Je vais filer à Camelot et dire au Roi que tout est arrangé.

— Hé, un instant ! protestez-vous.

Merlin lève une main osseuse.

— Tu as raison ! tu as raison ! Tu as besoin de POINTS DE VIE. Dans mon époque, on ne peut guère s'en passer, n'est-ce pas ? Non, vraiment pas. Très bien. Tu as apporté tes dés ? Parfait. Alors, lance-les. Deux dès une fois, ou un dé deux fois. Peu importe.

Sous l'œil en vrille de Merlin, vous lancez vos dés.

— Maintenant, additionne les points, vous dit-il. Tu ne peux pas obtenir moins de 2, ou plus de 12. Il en est ainsi avec les POINTS DE VIE. Avec tes POINTS DE VIE, en tout cas. Puis, *multiplie le résultat par 4,* poursuit Merlin. Cela te donnera ton *total de départ* de POINTS DE VIE. C'est fait ? Alors note ce total sur ceci. Vite, allez.

Et il vous tend votre *Feuille d'Aventure,* sur laquelle vous consignerez, dorénavant, tout le détail de votre équipement à venir, et des combats qui vous attendent (voir pages 34 et 35). Il jette ensuite autour de lui un regard furtif, comme s'il craignait que quelqu'un n'écoute, et il vous chuchote à l'oreille :

— Si tu penses ne pas avoir assez de points, recommence tout. Trois fois, si tu le veux. Et choisis le meilleur total. Mais pas plus de trois fois, sinon le sortilège n'agit plus, et voilà bien une chose que nous tenons à éviter, n'est-ce pas ? D'autant plus que ma pension est en jeu !

Merlin se redresse, et poursuit d'une voix beaucoup plus sonore :

— Maintenant, les combats. Il va se dérouler quantité de combats, je le crains. Mais du moins ne sont-ils pas aussi pénibles que dans ton propre monde. Il te suffira de lancer les dés, pour toi, et pour ton adversaire. D'une grande simplicité, vraiment. Deux dés, chaque fois. Je vais t'expliquer.

D'abord, tu lances une première fois les dés pour savoir qui de toi, ou de ton adversaire, va frapper le premier : tu lances les dés pour ton adversaire, puis pour toi-même. Celui qui obtient le chiffre le plus élevé donne le premier coup. Tu t'y prendras toujours de cette façon, à moins que n'intervienne un événement particulier. Dans ce cas, tu seras prévenu en temps voulu. Ensuite, tu lances deux dés pour chacun des coups qui est porté. Si tu lances les dés pour toi, il faut que tu obtiennes 6 ou plus, sinon tu n'auras pas touché ton adversaire. Lorsque tu lanceras les dés pour ton adversaire, il te sera dit le nombre de points nécessaire pour qu'il (ou elle) puisse te blesser. Si rien n'est mentionné, cela signifiera qu'il faudra qu'il sorte un 6 également, pour te toucher.

Maintenant, fais bien attention à ceci : tous les points que tu obtiendras *au-dessus* de 6 seront des Points de Dommage, que tu soustrairas des POINTS DE VIE de ton adversaire. Et il en sera de même en ce qui le concerne : tous les points qu'il obtiendra *au-dessus* du chiffre qu'il lui sera demandé de faire, ou de 6 si rien n'est précisé, sont des Points de Dommage qui seront soustraits de tes POINTS DE VIE.
Les combats prennent fin de deux façons. La première, et tu t'en serais douté, lorsque les POINTS DE VIE de ton adversaire, ou les tiens, atteignent zéro. Dans ce cas, l'un de vous est mort. Mais ne t'inquiète pas trop, je veille sur toi. La deuxième façon, lorsque le total de POINTS DE VIE de ton adversaire est égal à 5. Tu peux alors considérer que tu as gagné le combat, car tu auras mis ton adversaire dans un piètre état. C'est ainsi que tu devras mener les combats. Du moins, chaque fois qu'il s'agira d'un combat à mains nues. Car si tu utilises une arme, tu pourras causer encore plus de dommages à ton adversaire. Et si tu portes une armure, les dommages que tu pourrais recevoir seront réduits. De toute façon, puisque tu vas te servir de *ceci,* tu n'auras besoin, en général, que d'un 4 pour porter un coup à un ennemi.
Ceci se révèle être un objet plutôt intéressant : Merlin a tiré un coffre en bois de dessous l'une des tables de cristal. Il l'ouvre avec précaution. A l'intérieur se trouve la plus merveilleuse petite épée que vous ayez jamais vue...

Si vous avez accompli une première mission dans le Château des Ténèbres, rendez-vous au **1**. *Sinon, rendez-vous au* **2**.

FEUILLE D'AVENTURE

POINTS DE VIE DE PIP

TOTAL DE DÉPART : 130

TOTAL ACTUEL : 130

POINTS D'EXPÉRIENCE
(20 POINTS = 1 POINT PERMANENT DE VIE) :

401
500
-211
289

ÉQUIPEMENT TRANSPORTÉ

1 à 13, 56 billes
280 pièce d'argen

NOTES

ÉTAIL DES COMBATS

DVERSAIRE : 14 OINTS DE VIE : 130 ÉSULTAT : 2m = mort MGi = 130 PV OINTS DE VIE ESTANTS : 130	ADVERSAIRE : POINTS DE VIE : RÉSULTAT : POINTS DE VIE RESTANTS :	ADVERSAIRE : POINTS DE VIE : RÉSULTAT : POINTS DE VIE RESTANTS :
DVERSAIRE : OINTS DE VIE : ÉSULTAT : OINTS DE VIE ESTANTS :	ADVERSAIRE : POINTS DE VIE : RÉSULTAT : POINTS DE VIE RESTANTS :	ADVERSAIRE : POINTS DE VIE : RÉSULTAT : POINTS DE VIE RESTANTS :
DVERSAIRE : OINTS DE VIE : ÉSULTAT : OINTS DE VIE ESTANTS :	ADVERSAIRE : POINTS DE VIE : RÉSULTAT : POINTS DE VIE RESTANTS :	ADVERSAIRE : POINTS DE VIE : RÉSULTAT : POINTS DE VIE RESTANTS :

1

— E.J. ! vous exclamez-vous ! Vous avez gardé E.J. !
— Bonjour, Pip, vous dit Excalibur Junior, l'épée parlante.
Vous la regardez avec émotion, vous souvenant de l'aide qu'elle vous a apportée tout au long de vos aventures dans *Le Château des Ténèbres,* pour vaincre le redoutable Sorcier Ansalom.
La présence d'E.J. est vraiment une bonne surprise. Car, grâce à cette épée merveilleuse, il vous suffira seulement d'obtenir un 4 en lançant les dés, pour porter le premier coup lorsque vous l'utiliserez dans un combat. De plus, lorsque vous obtiendrez des Points de Dommage, vous ajouterez 5 points supplémentaires (par exemple, si, en lançant les dés vous obtenez 7, les Points de Dommage que vous devrez soustraire des POINTS DE VIE de votre adversaire seront de : 7 — 4 = 3, + 5 = 8). La mauvaise nouvelle, bien sûr, est qu'E.J. parle trop. Mais il va falloir vous en accommoder, comme la dernière fois !
Pendant que vous évoquez vos souvenirs avec E.J., Merlin sort un autre objet de son coffre : l'élégant pourpoint en peau de dragon que vous avez porté durant votre dernière mission, qui a le pouvoir d'annuler 4 Points de Dommage chaque fois que vous recevrez un coup. Voilà deux accessoires d'une grande importance, qui pourraient faire toute la différence entre la vie et la mort au cours de la périlleuse mission dans laquelle vous allez vous engager. Maintenant, rendez-vous **3**.

2

— Voici, explique Merlin, Excalibur Junior. C'est une épée très spéciale. Je l'ai forgée moi-même, et je suis donc bien placé pour le savoir. Elle est la réplique exacte de l'épée du roi Arthur. La réplique exacte, en plus petit. Et elle parle, contrairement à l'Excalibur d'Arthur. Sans arrêt, quelquefois. Dis bonjour à Pip, E.J.

A votre grande surprise, l'épée déclare docilement :

Bonjour, Pip.

Dans un état proche de l'ébahissement, vous tendez la main et vous saisissez l'épée. Elle est parfaitement équilibrée, légère, mais certainement redoutable.

— Ouaoh ! vous exclamez-vous, usant d'une expression peu courante à l'époque du roi Arthur.

Mais Merlin semble la comprendre.

— Ouaoh, comme tu dis ! commente-t-il. Quand tu te serviras de cette épée, il te suffira d'obtenir un 4 avec tes deux dés pour frapper un adversaire. Ça fait partie de la magie. Et ce n'est pas tout : tu pourras ajouter 5 points aux Points de Dommage que tu lui causeras. Ça aussi, ça fait partie de la magie.

Vous avez E.J. bien en main ? Alors, rendez-vous au **4**.

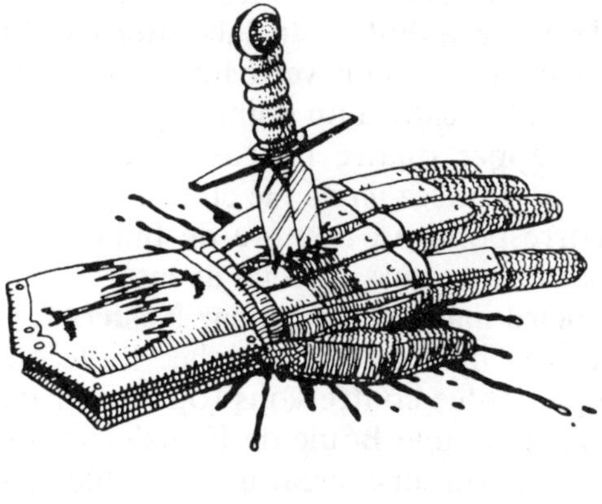

3

En accomplissant votre mission dans *Le Château des Ténèbres,* vous avez peut-être découvert quelques objets intéressants que vous avez emportés avec vous. Ils peuvent faire partie de votre équipement dans cette nouvelle aventure, *mais seulement si vous les avez vraiment trouvés dans le Château, et s'ils étaient encore en votre possession à la fin de votre mission.* Voici la liste des objets qui étaient cachés dans le Château. Et *ne trichez pas,* sinon le sortilège sera rompu.

1. **La Pierre de Chance.** Cette pierre vous permet d'ajouter ou de retrancher 3 points à tous les résultats que vous obtiendrez en lançant les dés.
2. **La Pièce de Cuivre à double face.** Une pièce très utile dans les jeux de hasard, puisqu'elle permet de tricher comme un fou, et de gagner à tous les coups ! Quant à savoir à combien de jeux de hasard vous participerez dans cette aventure, c'est une autre affaire... Mais on ne sait jamais.
3. **L'Anneau Sonore du Zombie.** Jusqu'ici, personne n'a encore très bien compris comment fonctionnait l'Anneau Sonore. Mais son action semble *réellement* magique, aussi mieux vaut l'emporter.
4. **La Baguette à Bulles du laboratoire d'Ansalom.** Elle projette une bulle verte lumineuse, qui handicape un adversaire à un point tel, qu'il est possible de le frapper quatre fois avant qu'il ne puisse répliquer. Lancez *un* dé : le chiffre que vous obtenez correspond au nombre de bulles dont vous disposerez au cours de cette aventure.
5. **Le Canard magique donné par Nosférax.** Ce petit Canard en bois mettra en échec toute opération magique tentée contre vous (ou autour de vous). Par exemple, une Boule de Feu s'éteindra immédiatement, ou une créature invisible deviendra

visible. Vous ne pourrez utiliser le Canard qu'*une seule fois* au cours de votre mission.

6. **Parchemin de Guérison.** Il s'agit d'un sortilège qui, lu à haute voix, vous restituera tous vos POINTS DE VIE. Il ne peut être utilisé qu'*une seule fois*.
7. **Parchemin de Téléportage.** Un sortilège qui vous ramènera instantanément à n'importe quelle section visitée précédemment (les sections seront expliquées plus loin). Le Parchemin ne peut être utilisé qu'*une fois*.
8. **Parchemin de Mort.** Ce Parchemin peut ôter la vie à toute créature, vous compris. Lorsque vous l'utiliserez, vous lancerez deux dés. Si vous faites un double 6, un double 3 ou un double 1, vous êtes mort. Sinon, vous avez tué votre adversaire, aussi puissant soit-il. *Attention :* vous ne pouvez emporter les objets 6, 7 et 8, que si vous ne les avez pas utilisés dans *Le Château des Ténèbres*.
9. **Parchemin d'Hypnotisme.** Vous devrez obtenir au minimum 5 en lançant deux dés, pour que ce sortilège opère. Votre adversaire tombera alors dans une espèce de léthargie, et ne présentera plus aucun danger pour vous. Malheureusement, ce sortilège n'a aucun pouvoir sur les Dragons.
10. **Parchemin d'Antidote au Poison.** Peut être utilisé contre tout empoisonnement.
11. **La Boule de Cristal du laboratoire d'Ansalom.** Elle est maintenant brisée. Vous pouvez l'emporter, si vous le désirez, mais elle ne fonctionnera pas.
12. Si vous n'avez pas utilisé tous les **Éclairs de Doigt de Feu,** ou toutes les **Boules de Feu** dont vous disposiez au cours de votre dernière mission, vous pourrez les ajouter à ceux que vous vous procurerez peut-être au cours de cette présente mis-

sion. Ils opéreront cette fois de façon légèrement différente, comme vous le découvrirez.

13. Vous pouvez prendre jusqu'à 10 points des POINTS PERMANENTS DE VIE que vous avez gagnés au cours de votre mission dans *Le Château des Ténèbres,* et les ajouter à votre *total de départ de* POINTS DE VIE.

Notez dans la case Équipement de votre *Feuille d'Aventure* ce que vous désirez emporter avec vous, et rendez-vous au **4**.

4

— C'est tout ? demandez-vous en fronçant les sourcils.

— Mais non, répond Merlin. Ne sois pas si impatient. Parfois, tu rencontreras des créatures qui te paraîtront dangereuses, mais qui en fait ne le seront peut-être pas autant qu'elles en auront l'air. Pour le savoir, tu lanceras une fois un dé pour chacune d'elles, et trois fois un dé pour toi. Si le total des points que tu obtiens alors est inférieur au chiffre obtenu par la créature qui te fait face, elle aura à ton égard une Réaction Amicale, et tu pourras continuer ton chemin sans encombre. Si tout ce que je viens de te dire te dépasse, saches que tu peux essayer de récupérer quelques POINTS DE VIE en *dormant,* et ce en toute circonstance, sauf lorsque tu te trouveras engager dans un combat. Mais cela n'est quand même pas aussi simple qu'il y paraît. D'ailleurs, je me demande bien ce qui peut être encore simple depuis que ce maudit Dragon de Bronze s'est échappé ! Enfin, peu importe... Nous parlions de quoi déjà ? Ah oui ! des points que tu peux gagner en dormant. Toutes les fois que tu voudras dormir, tu lanceras un dé. Si tu obtiens 1, 2, 3 ou 4, ton som-

meil sera agité de songes, et tu devras te reporter au chapitre intitulé *Temps du Rêve,* à la fin du volume (page 207). *Mais n'oublie pas ceci :* tu risques alors de *perdre* des POINTS DE VIE au lieu d'en gagner. Si tu fais 5 ou 6, ton sommeil aura été profond et t'aura redonné des forces. Lance alors deux dés : le chiffre que tu obtiendras correspondra au nombre de points que tu pourras ajouter à ton total de POINTS DE VIE. Tu vois qu'il est risqué de dormir à mon époque. De toute façon, tu seras certainement trop occupé à combattre pour le faire et donc, tu vas avoir besoin d'un solide équipement, d'armes...
— Et de la magie ! ajoutez-vous vivement, vous demandant dans quelle invraisemblable situation vous vous trouvez.
— Et de la magie. Car sans magie, tu n'irais pas bien loin contre un Dragon de Bronze. Tiens, prends ceci.
Et des plis de sa robe, il sort un parchemin qu'il vous tend et que vous déroulez. Comme tous les parchemins de Merlin, il est constellé de toutes sortes de taches. Vous espériez qu'il s'agissait de quelque chose de *magique,* mais ce n'est pas le cas. Néanmoins, votre nom est écrit dessus.
Interloqué, vous levez les yeux vers Merlin.
— Qu'est-ce que c'est ?
Il semble gêné, et évite votre regard.
— Une liste de courses... quelques objets dont tu pourrais avoir besoin.
— Mais pourquoi le prix est-il indiqué auprès de chacun d'eux ?
Merlin toussotte.
— Tu vas être obligé d'acheter ton propre matériel, je le crains. Comme le roi risque de me supprimer ma pension, je ne peux me permettre de t'équiper.
— Mais je n'ai pas d'argent ! protestez-vous.

— Tout à fait exact, acquiesce Merlin. Et cela aurait pu être un vrai problème si je ne l'avais prévu.
Il se dirige vers un petit placard en cristal qu'il ouvre, et dont il sort deux cubes transparents qui, constatez-vous en les regardant de plus près, sont des dés.
— Des dés magiques, précise-t-il d'un ton bref. Ils transforment l'enthousiasme en argent. Je ne peux les utiliser moi-même, car il ne me reste plus guère d'enthousiasme depuis qu'Arthur a évoqué le sort qu'il réserve à ma pension. Mais un intrépide aventurier comme toi doit déborder d'enthousiasme. Prends-les, et jette-les à terre d'une main ferme.
Vous suivez ses instructions et, à peine les dés ont-ils touché le sol qu'ils explosent en un éclair silencieux de lumière dorée. Mais juste avant que l'explosion ne se produise, vous avez pu voir les points que vous avez faits (lancez vos deux dés pour le savoir). Chaque point vaut une Pièce d'Or. Et une Pièce d'Or vaut 10 Pièces d'Argent. Tout compte fait, il semble bien que vous allez être en mesure de vous procurer votre équipement ! (Notez le nombre de Pièces d'Argent dont vous disposez sur votre *Feuille d'Aventure*.) Mais Merlin toussote de nouveau.
— Les armes, maintenant. Et une armure, si tu en veux une.
Il fouille une fois de plus sa longue robe, et vous tend une autre liste.
— Les armes et les armures coûtent un prix fou, de nos jours...
Vous considérez les deux listes, puis vous regardez Merlin, l'air accablé. Cette mission va vous coûter les yeux de la tête ! Il s'agit maintenant de dépenser judicieusement votre argent, afin de vous équiper le mieux possible pour mettre le maximum de chances

Liste de courses de Pip

Articles	Prise en (pieces d'argent)
Sac à dos	1
Marteau de charpentier	1
Hache	1
Corde (un rouleau de 15m)	2
Torches (la douz)	1
Gourde	1
Tente	10
Sac (par six)	½
Couverture	1
Lampe	2
Bidon d'huile	1
Crampons d'escalade (la douz)	½
Hameçons pour la pêche (la douz)	1
Harpe	5
Luth	4
Trompe	3
Bandages (par rouleau de 15m)	½
Couteau	1
Briquet à pierre	½
Pieux (la douz)	½
Vêtements de rechange	10
Bottes de rechange	5
Parchemin (par feuille)	½
Plume d'oie et encre en poudre	1
Nourriture (ration pour 5 jours)	5
Ustensiles de cuisine	10
Potion curative (1 douz)	3

Armes disponibles et Armures

	Dommages	Prix en (pieces d'argent)
Hache d'armes	+4	20
Poignard	+2	5
Fléau	+2	5
Masse d'armes	+3	15
Massue	+5	20
Epée	+4	20
Cotte de mailles	−3	100
Pourpoint en cuir	−2	50
Plaque d'armure	−4	120

de votre côté. Et n'oubliez pas que tous les prix sont donnés en Pièces d'Argent, et qu'une Pièce d'Or vaut 10 Pièces d'Argent.

Réfléchissez bien avant d'acheter quoi que ce soit. Vous possédez déjà une épée redoutable, Excalibur Junior. Mais E.J. a parfois des moments d'humeur pendant lesquels elle ne se montre pas particulièrement coopérative ! De toute évidence, il serait prudent de vous munir d'une arme supplémentaire. Mais attention : vous ne pourrez jamais utiliser deux armes à la fois. Si vous disposez de peu de POINTS DE VIE, peut-être serait-il sage d'investir dans une armure, bien que ce soit un objet très coûteux, et qu'il ne vous resterait pratiquement plus d'argent pour acquérir d'autres objets de première nécessité.

Si vous avez accompli avec succès une première mission dans *Le Château des Ténèbres,* vous avez en votre possession le pourpoint en peau de dragon. Vous pouvez le porter sous une armure, ce qui vous protègera d'autant mieux. Il vous faudra certainement accomplir un long trajet, avant de découvrir ce Dragon de Bronze déchaîné. Ce serait donc une bonne idée de faire une bonne provision de nourriture, à moins que vous n'envisagiez de vous débrouiller en cours de route. Mais vous êtes tout à fait libre de choisir ce qui vous semblera le plus utile. Et n'oubliez pas de noter tous vos achats dans la case correspondante de votre *Feuille d'Aventure*.

— Alors, voyons voir, dit Merlin. Tordre est en nous ?... euh... tout est en ordre ?
Dans son impatience à vous voir partir (ce qui lui permettra de s'occuper de sa pension), il s'est mis à bafouiller.
— Je crois que oui, répondez-vous sans conviction. Sauf que je ne vois pas vraiment où aller...
— Ne t'inquiète pas pour cela, coupe Merlin. J'ai suivi ce stupide monstre sur ma boule de cristal, et je sais où il se cache. Dans l'Antre du Dragon. Parfaitement logique, en fait. La plupart des Dragons se cachent dans l'Antre du Dragon entre leurs expéditions de pillage et leurs multiples exactions. Cet endroit fourmille de Dragons de toutes sortes. Et de jeunes filles, bien entendu. Mais il n'y a qu'un seul Dragon de Bronze, celui dont tu dois nous débarrasser. Alors ne perds pas ton temps à guerroyer contre les autres. A moins qu'ils ne t'attaquent, ce qui sera d'ailleurs probablement le cas.
— Mais je ne sais pas du tout comment me rendre à l'Antre du Dragon, protestez-vous.

— Pas de souci à te faire, réplique allègrement Merlin. Je vais te dessiner une carte.
— Vous aviez dit que vous alliez m'apprendre la magie, lui rappelez-vous carrément.
— La magie ! s'exclame Merlin en se frappant le front d'une claque retentissante. Mais oui, la magie. Bien sûr ! Heureusement que tu me l'as rappelé. Sans un peu de magie, tu ne ferais pas de vieux os dans l'Antre du Dragon.
Se prenant les pieds dans l'ourlet de sa longue robe, il se précipite (dans son impatience) vers une bibliothèque de cristal, et il saisit sur un des rayons un énorme volume relié en cuir, et qui porte le titre : *Magie pour Débutants*. Il commence à le feuilleter rapidement.
— Tiens-toi tranquille, dit-il. Ne bouge pas. Tu as de quoi écrire ? Alors note :

Règles pour le bon usage de la Magie

Règle n° 1. Chaque sort jeté coûte 3 POINTS DE VIE. *Qu'il donne un résultat ou non.*

Règle n° 2. Aucun sort ne peut être jeté plus de trois fois au cours d'une mission. Il est ensuite inopérant, qu'il ait eu un effet ou non.

Règle n° 3. Marche à suivre pour jeter un sort : lancez deux dés. Si le chiffre obtenu est égal ou supérieur à 7, il produit l'effet souhaité. Sinon, il est totalement inopérant.

Vous notez ces trois règles le plus vite possible. Elles semblent relativement simples, mais un détail vous chiffonne cependant.

— Mais je ne connais aucun sort, dites-vous à Merlin.

— Non, bien sûr. Tu ne serais pas obligé de les apprendre, si tu les connaissais. Je vais te donner un Livre de Sortilèges. Pas celui-ci, ne t'inquiète pas. Il est trop lourd à porter. Un petit, qui tiendra facilement dans ton sac à dos. Il ne contient que quelques sorts, mais efficaces, je te le garantis. Tu peux y jeter un rapide coup d'œil, si tu le désires, avant de te mettre en route.

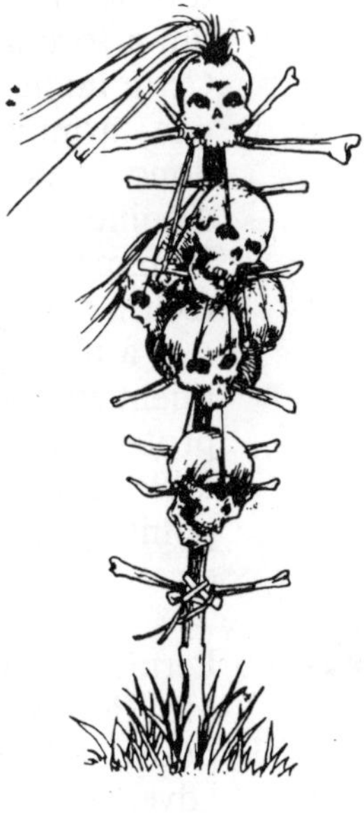

Premier livre de Sortilèges de Pip

Sortilèges	*Effets*
Armure Étincellante de Pip. (AEP)	Crée un mur de lumière d'un éclat insoutenable, tourbillonnant autour de qui a formulé le sortilège. Cette lumière agit comme une armure, et permet donc de retrancher 4 points des Points de Dommage éventuellement reçus. Ces points s'*ajoutent* à tous ceux qui pourraient être retranchés de la protection due à une véritable armure, un pourpoint en peau de dragon, etc.
Horion Épouvantable de Pip. (HEP)	Permet d'ajouter 10 points aux Points de Dommage pouvant être infligés à un adversaire au prochain Assaut.

Rire Irrésistible de Pip. (RIP)	Provoque chez un adversaire une telle hilarité, qu'il rate trois Assauts consécutifs.
Flèche Invisible de Pip. (FIP)	Permet de décocher une flèche magique contre un adversaire hors de portée. Cette flèche ne manque jamais son but si le sortilège a été convenablement jeté, et provoque 10 Points de Dommage.
Puissant Antidote de Pip. (PAP)	Ce sortilège doit être jeté *avant* que le poison n'ait été ingurgité pour produire son effet, sinon *il n'opère pas*. Il rend insensible à tout poison, quels que soient les résultats obtenus par les dés. Il peut se révéler très utile lorsque l'on désire goûter une substance inconnue qui pourrait se révéler nocive.
Neutralisant instantané de Pip. (NIP)	Permet de neutraliser dans l'instant l'effet d'un (unique) sortilège jeté sur un *objet* (et non sur un être vivant). Utile pour ouvrir placards, portes, tiroirs... tout ce qui peut être fermé par la magie.

Mouvement Éclair de Pip. (MEP)	Au cours d'un combat, ce sortilège permet d'agir deux fois plus vite que d'habitude, et de porter deux coups consécutifs à chaque Assaut.
Super Sortilège **Invisibilité** (INVISIBILITÉ)	Ce sortilège très spécial ne peut être utilisé qu'une seule fois au cours d'une mission, au prix de 15 POINTS DE VIE, et dans des conditions tout à fait particulières qui seront indiquées en temps voulu. Attention donc à ne pas gaspiller ces 15 points en utilisant inconsidérément le sortilège. Il a pour effet de rendre totalement invisible celui qui l'utilise.
Doigt de Feu	Fait jaillir un éclair du doigt, ce qui cause 10 Points de Dommage à un adversaire. Ce sortilège donne droit à dix éclairs. Mais une fois qu'il a été utilisé avec succès, il devient inopérant.
Boule de Feu	Crée une énorme boule de feu au creux de la main qui, lancée contre un adversaire, lui inflige 75

Points de Dommage. Ce sortilège donne droit à *deux* boules seulement, une pour chaque main.
Il est possible de conserver un éclair ou une boule de feu pour les utiliser par la suite.

REMARQUE IMPORTANTE POUR PIP

Mis à part le sortilège INVISIBILITÉ, tous les sortilèges peuvent être utilisés en tous lieux et en toutes circonstances. N'oubliez-pas de bien tenir à jour votre *Feuille d'Aventure*, en rayant ceux que vous aurez utilisés.

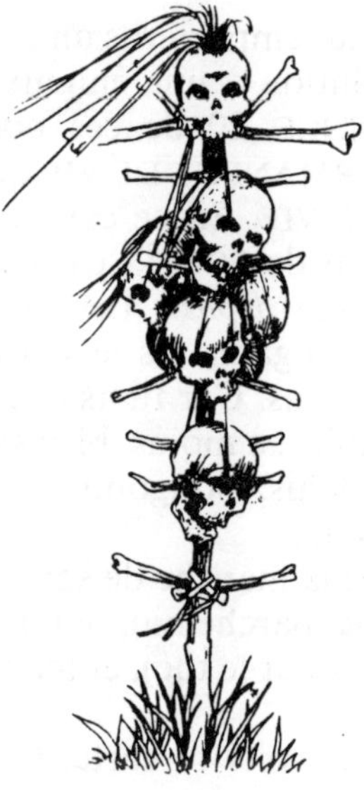

— Voilà, dit Merlin. Voilà ta magie, tes sortilèges. N'oublie pas que tu ne peux utiliser chacun d'entre eux que trois fois seulement, à moins, bien entendu, que tu n'en découvres un autre au cours de ta mission. C'est possible ; alors, sois attentif. Après tout, la magie est assez simple, à la condition de toujours avoir en tête une règle primordiale : *n'utilise jamais un sortilège s'il te reste peu de* POINTS DE VIE. Sinon, cela peut causer ta perte. Et ne te sers de la magie que lorsque tu en auras vraiment besoin. Car c'est un atout précieux qui nécessite de celui qui l'utilise un grand discernement. Ce qui explique la rareté des magiciens. Mais tu le découvriras vite : les sortilèges ne sont pas toujours efficaces ; ce qui, parfois est source de dangers, d'épreuves et de tribulations... ma pauvre pension, par exemple... Enfin, te voilà prêt à te mettre en route, et il me reste à te parler de l'Expérience.

A chaque fois que tu remporteras un combat, ou que tu trouveras la solution à une énigme, tu gagneras 1 point d'EXPÉRIENCE. 20 de ces points donnent droit à 1 POINT PERMANENT DE VIE qui s'ajoute au total de POINTS DE VIE. En ce cas, mais en ce cas seulement, ton total de POINTS DE VIE pourra être supérieur au *total de départ*. Les POINTS PERMANENTS DE VIE que tu gagneras te seront utiles dans tes prochaines missions. Car tu as encore beaucoup de tâches à accomplir... à moins, bien sûr que le Dragon de Bronze... Mais, bougonne-t-il, ne pensons pas à cette éventualité...

Puis, Merlin tire de la manche de son ample robe un dernier rouleau de parchemin, jauni par l'âge (à moins que ce ne soit par le thé), et maculé des taches habituelles.

— Pour finir, dit-il, voici ta carte. C'est une copie

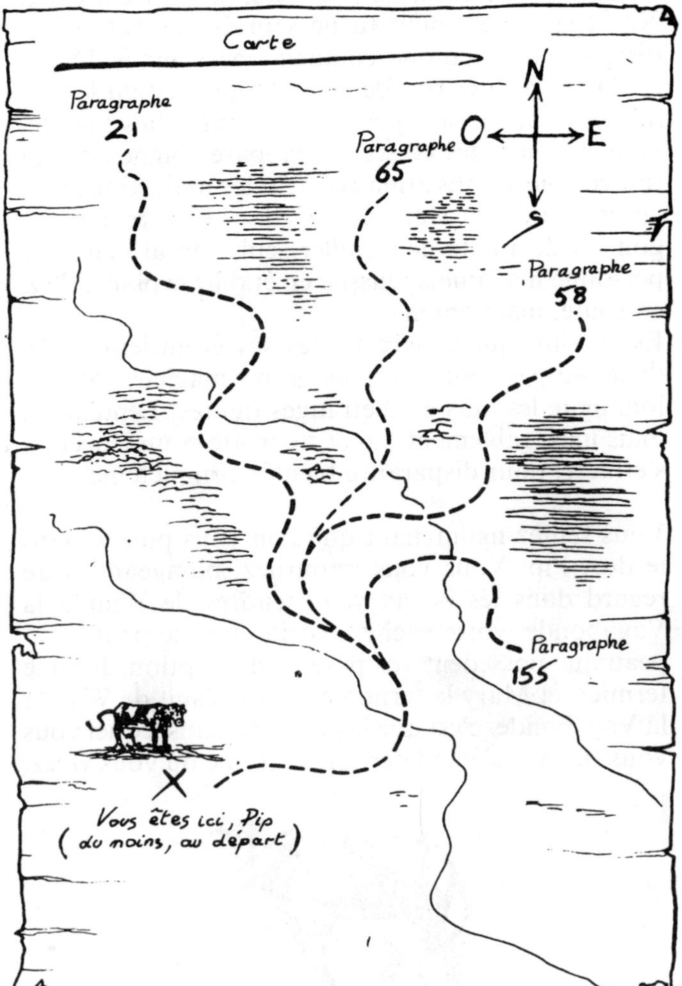
Carte
N
O
E
S
Paragraphe 21
Paragraphe 65
Paragraphe 58
Paragraphe 155
Vous êtes ici, Pip
(du moins, au départ)

d'une carte très rare et très ancienne que j'ai dessinée moi-même. La copie, je veux dire, pas la vielle carte. Ne l'égare pas, sinon tu ne saurais pas vers où te diriger. Elle t'indique comment parvenir à l'Antre du Dragon. Très peu de gens en connaissent le chemin. En fait, je suis peut-être le seul. Mais maintenant, tu partages ce secret. Prépare soigneusement ton voyage, et suis attentivement les indications portées sur la carte. Mais une fois dans l'Antre du Dragon, tu devras te débrouiller seul, j'en ai peur, car personne n'a jamais réussi à en établir le plan. Allez, en route, maintenant.
Et Merlin, qui malgré toutes ses étourderies n'en demeure pas moins le plus grand magicien d'Avalon, agite les bras en d'étranges figures. Lentement, mais inexorablement, lui et sa grotte commencent à s'effacer, pour disparaître bientôt complètement.

Vous sentez maintenant que l'on vous pousse dans le dos, Pip. Vous vous retournez, plongeant votre regard dans les beaux yeux tendres de Wanda la Vagabonde, votre vache favorite dans le petit troupeau que possèdent vos parents d'adoption, John le fermier, et Mary la fermière. Et s'il s'agit de Wanda la Vagabonde, c'est que le pâturage dans lequel vous vous trouvez s'étend derrière la ferme où vous vivez.

Comment avez-vous bien pu arriver là ? Seul Merlin pourrait le dire. Mais, en jetant un coup d'œil à vos pieds, vous apercevez les divers objets de votre équipement, pour lesquels vous avez dépensé votre or dans la Grotte de Cristal. Qui plus est, vous tenez dans votre main un rouleau de parchemin jauni par le temps (à moins que ce ne soit par le thé de Merlin), sur lequel est dessiné une carte.

N'est-ce pas la carte la plus étrange que vous ayez jamais vue de votre vie ? Tout à fait différente de celles que l'on placarde sur tous les murs des classes de géographie. De simples pointillés qui représentent peut-être des routes (ou autre chose). Et des numéros de sections. Comment Merlin savait-il où vous seriez lorsque vous dérouleriez la carte ? Mystère ! Il a dit que c'était une copie d'une très vieille carte : comment le cartographe d'autrefois savait-il où vous seriez ? Ou que Wanda la Vagabonde vous pousserait dans le dos avec son museau ? Et pourtant, vous êtes bien là, indiqué par un X. Et voilà Wanda, grandeur nature. Enfin, presque ! Enfin, c'est la seule piste que vous possédiez pour découvrir l'Antre du Dragon. Vous avez donc tout intérêt à vous en servir. Choisissez un itinéraire, et suivez-le jusqu'à ce que vous arriviez à une section numérotée. *Et rendez-vous à la séquence portant ce numéro.* N'oubliez pas d'emporter votre équipement et vos armes (ainsi que vos sortilèges !) Sur la carte, vous avez remarqué que l'entrée de l'Antre du Dragon n'est pas indiquée. Peut-être parce qu'elle est secrète. Mais elle doit être là, quelque part, dans l'une de ces sections, par exemple. Il va falloir vous mettre en route pour la découvrir, Pip ! Car, où qu'elle soit...

L'aventure commence !

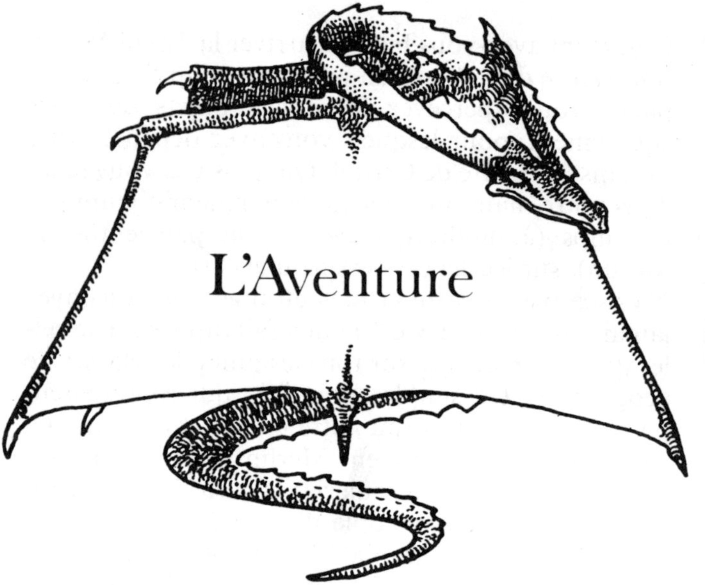

L'Aventure

5

Les bois semblent se refermer sur vous quand vous y pénétrez. Au bout de quelques instants le sentier disparaît, et vous en êtes réduit à vous frayer un chemin de votre mieux parmi les taillis, les buissons et les ronces. La progression est de plus en plus difficile, de plus en plus tortueuse, et vous finissez par vous rendre compte que vous êtes complètement perdu. Vous vous arrêtez un instant, et vous vous grattez le sommet du crâne. Ce geste n'améliorant en rien votre situation, vous prenez la seule décision possible : lancer deux dés pour voir si vous pouvez vous sortir de là.

Si vous faites :
de 2 à 6 : rendez-vous au **31**.
de 7 à 12 : rendez-vous au **17**.

6

Il vous a mordu à la rotule ! Cette sale petite bête a bondi, et elle vous a planté ses crocs répugnants dans le genou jusqu'à l'os, vous infligeant une cruelle douleur. Si vous voulez combattre cet animal, déduisez 2 points à chaque fois que vous lancerez les dés pour vous-même, en raison de votre jambe blessée.
Le Lapin Blanc possède 25 POINTS DE VIE, et des crocs qui lui valent + 3 Points de Dommage. Il n'a besoin que d'un minimum de 5 pour attaquer, à condition qu'il frappe en dessous d'un mètre de hauteur (ce qu'il fera, car il n'est pas idiot).

Si vous préférez vous enfuir, rendez-vous au **5**.
Si vous combattez le Lapin Blanc, et qu'il vous tue, rendez-vous au **14**.
Si vous décidez de livrer combat, et si vous êtes vainqueur, vous pouvez retourner au **65** ou au **11** (où vous trouverez sans aucun doute un *deuxième* Lapin Blanc), pour faire un nouveau choix.
Si à un moment quelconque du combat, le Lapin Blanc vous porte trois coups consécutifs, rendez-vous au **26**.

7

Si vous décidez d'utiliser votre hache pour abattre un arbre qui pourrait faire un pont convenable en travers du gouffre, rendez-vous au **35**.
Si vous décidez de vous servir d'une corde ou de crampons pour descendre cette falaise verticale, rendez-vous au **27**.

8

Toujours perdu dans le brouillard, Pip. Continuez à errer jusqu'à ce que vous arriviez au **42**.

9

Vous avez l'impression d'avoir parcouru des kilomètres, avec le village toujours en vue, mais cependant toujours aussi éloigné. Vous êtes maintenant épuisé, affamé, et vous décidez donc de vous reposer et de manger une partie de vos provisions. Vous vous écartez de la piste et vous vous asseyez dans l'herbe, adossé à une souche d'arbre près d'un taillis. Un clair ruisseau où vous pouvez boire coule à proximité. Le village reste en vue, ni plus près, ni plus loin. Au moment où vous ouvrez votre sac, une voix déclare derrière vous : « Bon demain, Votre Honneur ». Vous vous levez d'un bond, prêt à tirer votre épée, mais vous hésitez. Un petit homme minuscule, habillé de brun et de vert, a émergé du taillis et il vous regarde, les yeux noirs et pétillants. Il ne porte aucune arme et ne semble guère dangereux. « Votre casse-croûte est bien appétissant, Votre Honneur, dit le petit homme. Une bouchée ou deux ne ferait pas de mal à un pauvre diable qui n'a pas mangé depuis une semaine. »

Proposez-vous au minuscule affamé de partager votre repas avec lui ? Rendez-vous alors au **36**.
Lui faites-vous remarquez poliment que vous avez un long voyage en perspective et que vous aurez besoin pour vous-même de vos provisions ? Rendez-vous dans ce cas au **22**.

10

Un clignement de paupières. Un frémissement. Vous êtes dans le village, Pip. Cela ne fait aucun doute. En plein village, sans avoir fait un pas de plus. Comme c'est étrange. C'est un joli village. Petit mais ravissant. Des maisons au toit de chaume... une pelouse...

une pittoresque petite église en pierre. Et pas une âme en vue. Pas âme qui vive.
Vous vous trouvez sur un sentier de terre battue, un peu boueux et creusé d'ornières, comme s'il servait souvent. Une longue bâtisse se dresse au nord-est de l'endroit où vous êtes et, vers l'est, s'étend le plus étrange jardin que vous ayez jamais vu. Toutes les plantes semblent faites de pierre et il est parsemé de statues de monstres. Au-delà du jardin se trouvent des chaumières et, derrière les chaumières, vous apercevez le clocher de l'église. Le village tout entier est enclos par une robuste palissade en bois, solidement construite et, à en juger par son aspect, extrêmement difficile à escalader. Au sud-est se trouvent d'autres chaumières et un grand mur en pierre.
Maintenant, reportez-vous à la carte du village, que vous trouverez pages 10 et 11. Elle indique le lieu où vous vous trouvez actuellement, et vous pouvez constater que tous les bâtiments, ainsi que divers endroits du village portent un numéro. Vous pouvez explorer la Pierre-qui-Mue à votre guise. Vous êtes libre d'aller où bon vous semble, libre de tout voir. Pour cela, il vous suffira de vous rendre au paragraphe portant le numéro que vous aurez choisi sur la carte.
Ah, une dernière chose... Avez-vous remarqué qu'il n'y a pas d'issue ?

11

Vous êtes arrivé à une clairière. Eh bien, c'est toujours plus agréable que de vous frayer un chemin dans les taillis, bien qu'il n'y ait pas grand-chose à voir, ici. La clairière elle-même est presque ronde, et elle fait environ six à huit mètres de diamètre. En son centre pousse un grand chêne, et un lapin, assis sur un petit monticule à proximité de son terrier, vous considère d'un air soupçonneux. Et c'est à peu près tout, à l'exception de quelques campanules qui poussent çà et là.

Alors, qu'allez-vous faire maintenant ? Vous asseoir sous l'arbre pour réfléchir un instant ? Mais attendez donc ! C'est un lapin blanc qui est assis là ! Un Lapin Blanc ! Vous savez bien, un Lapin Blanc, comme dans *Alice au Pays des Merveilles* ! Non, ça ne peut pas être ce genre de Lapin Blanc, n'est-ce pas ? Mais si, figurez-vous ! C'est très possible ! Vous vivez une aventure magique et on ne peut rien trouver de plus magique qu'un Lapin Blanc, pas vrai ? Ce terrier de lapin est peut-être l'entrée du Pays des Merveilles. Le Sinistre Royaume des Morts est peut-être une autre façon d'appeler le Pays des Merveilles ! C'est possible, après tout. Alors, qu'allez-vous faire, Pip ?

Si vous voulez essayer de bavarder avec le Lapin, rendez-vous au **6**. Si vous préférez vous asseoir sous l'arbre pour réfléchir un instant, rendez-vous au **46**.

12

Bravo, Pip, la magie devrait opérer, à condition que vous vous y preniez correctement. Rendez-vous au **23**.

13

Qu'est-ce que c'est ? On dirait une brume de chaleur, mais il ne fait pas chaud à ce point. Et une brume de chaleur ne se manifeste pas comme cela. Une sorte de vibration anime l'air devant vous. Mais une vibration bien délimitée, de deux mètres de haut, de

13 *On dirait une porte. Un porche vibratoire...*

plus d'un mètre de large. On dirait une porte. Un porche vibratoire. Derrière, se profile le village, toujours aussi éloigné.

Allez-vous franchir ce porche vibratoire ? Si oui, rendez-vous au **10**.
Préférez-vous prudemment le contourner ? Rendez-vous alors au **33**.

14

Vous ouvrez lentement les yeux. Quelque part dans le lointain, un orchestre invisible joue une Marche Funèbre. Vous êtes au milieu de la Grotte de Cristal. Merlin est penché sur vous, l'air extrêmement mécontent.
— Alors, tu as réussi à te faire tuer, n'est-ce pas ? Quelle négligence ! Eh bien, tu n'as plus qu'à recommencer depuis le début. Et tâche de mieux t'y prendre à l'avenir, sinon c'en est fait à tout jamais de ma pension. Jette les dés comme je te l'ai déjà montré pour te procurer un peu d'argent. Car il faut que tu remplaces le matériel que tu as perdu. Tiens, voilà les listes. Tu as toujours ta carte au moins ? C'est heureux ! Allez ! va retrouver ta vache, et choisis le bon chemin, cette fois.
Là-dessus, il s'éloigne en marmonnant dans sa barbe à propos des jeunes de nos jours... tandis que lentement, mais inexorablement, la grotte commence à s'effacer, pour disparaître bientôt complètement.

15

La décision que vous venez de prendre ne vaut rien dans ces circonstances. Retournez d'où vous venez, et faites un nouveau choix. Mais vous perdez votre mordant, si bien que c'est votre adversaire qui frappe le premier.

16

Vous poursuivez péniblement votre chemin, laissant bientôt la sombre forêt loin derrière vous. Le paysage est plus riant maintenant mais, au bout d'un moment, la route descend et plonge dans une vallée. Vous continuez à avancer et vous vous trouvez bientôt environné d'une brume qui ne cesse de s'épaissir. Cette brume se transforme bien vite en brouillard. Et vous ne voyez même plus le bout de votre nez. Votre sens de l'orientation, si aigu d'habitude, s'amenuise, diminue, disparaît complètement. Saprelotte, Pip, vous voilà perdu ! Il ne vous reste plus qu'une solution : lancer deux dés pour décider dans quelle direction poursuivre.

Si vous faites :
de 2 à 4 : rendez-vous au **5**.
de 5 à 7 : rendez-vous au **8**.
de 8 à 12 : rendez-vous au **64**.

17

Désolé, mais vous semblez toujours complètement perdu. Lancez les dés de nouveau.

Si vous faites :
de 2 à 6 : rendez-vous au **73**.
de 7 à 12 : rendez-vous au **82**.

18

Eh bien, voilà ! Vous rassemblez votre matériel et vous reculez le long du sentier pour prendre le plus d'élan possible. Vous faites une profonde aspiration, vous touchez du bois, (ce n'est pas ça qui manque dans la forêt) et vous foncez à toute allure vers le gouffre. Lancez deux dés pour savoir si vous atterrissez sain et sauf de l'autre côté. (Et bonne chance.)

Si vous faites :
de 2 à 6 : rendez-vous au **14**.
de 7 à 12 : rendez-vous au **85**.

19

Quelqu'un avance dans votre direction le long de la route. Une créature *gigantesque*. Elle a une curieuse démarche en outre, se balançant d'un côté sur l'autre comme si elle éprouvait quelque difficulté à garder son équilibre. Elle doit peser une tonne : le sol tremble sous ses pas. Et elle est d'une étrange couleur : une sorte de gris ardoise.
Tout cela ne présage rien de bon Pip ! Elle marche droit sur vous. Nom d'un petit bonhomme ce n'est pas un homme du tout. C'est... c'est... c'est une *statue !* Une statue qui marche ! Un Homme de Pierre ! Et qui tient une épée de pierre !
— Dites donc, un instant ! lancez-vous en voyant l'Homme de Pierre arriver pesamment sur vous. Mais c'est peine perdue. Déjà il brandit son épée. Il va falloir combattre, Pip. Vous ne pouvez l'éviter, quel que soit votre amour de la paix. Il faut tuer, ou être tué ici même. Mais vos armes seront-elles efficaces contre un Homme de Pierre ? Il n'y a qu'une façon de le savoir.

Allez-vous essayer de combattre avec des armes ? Rendez-vous au **15**.
Décidez-vous d'utiliser la magie ? Rendez-vous au **12**.
Si vous préférez vous servir d'une arme magique (E.J. par exemple), rendez-vous au **32**.

19 *L'Homme de Pierre arrive sur vous.*

20

Pouah, quelle puanteur ! A en juger par l'odeur, vous devez vous trouver dans des écuries. Mais elles ne semblent pas avoir servi récemment. Les stalles sont démantelées, la paille est pourrie, et de vieux harnais de cuir accrochés à des clous fixés aux murs semblent en si piteux état qu'ils se rompraient à coup sûr si vous vouliez les passer à un cheval. Heureusement, ce ne sera pas nécessaire puisqu'il n'y a pas de chevaux par ici.

Si vous désirez fouiller ces écuries, rendez-vous au **71**.

Sinon, vous reprenez votre carte, et vous choisissez un autre numéro.

21

Vous suivez le chemin, bordé de part et d'autre par la forêt, en direction du nord-est. Les arbres sont toujours aussi serrés, aussi sombres et menaçants mais, du moins, le sentier devant vous semble dégagé et libre de tout obstacle. Jusqu'au moment, en fait, où vous arrivez au bord d'un gouffre. Mmmm... Vous vous en approchez. A vos pieds s'ouvre un à-pic de près de soixante mètres. Tout au fond coule une rivière turbulante, rapide. Levant les yeux, vous constatez que le sentier reprend de l'autre côté de l'abîme, dont vous estimez la largeur à environ cinq ou six mètres. Si vous prenez suffisamment d'élan, peut-être pourriez-vous le franchir d'un bond. Mais, par ailleurs, vous êtes fatigué et lourdement chargé. Vérifions de quel matériel vous disposez.

Si vous possédez dans votre équipement une corde, des crampons d'escalade ou une hache (ou une hache d'armes), rendez-vous au **7**.

Si vous voulez tenter de sauter, rendez-vous au **18**.
Si vous pensez pouvoir trouver un moyen de traverser en pénétrant de nouveau dans la forêt, rendez-vous au **5**.

22

— Vous pensez bien que je comprends ça parfaitement, dit le petit homme, nullement offensé. Restez tranquillement où vous êtes, et mangez tout à votre aise. Je me contenterai de vous tenir compagnie un moment.
Tandis que vous terminez votre repas, l'idée vous vient que le petit homme pourrait peut-être vous éclairer sur le mystère qui entoure le village. Aussi lui demandez-vous comment vous y rendre.
— Ce patelin, là-bas ? demande-t-il. Je le connais comme ma poche. J'y suis allé souvent et j'y ai rencontré des gens parmi les plus aimables, les plus serviables, les plus généreux de tout Avalon. Il s'appelle : la Pierre-qui-Mue.
— Voilà des heures que j'avance dans sa direction, et je n'ai pas l'impression de m'en approcher.
— Oui, c'est un endroit très difficile à atteindre, acquiesce-t-il. Mais si vous voulez mon avis, dirigez-vous donc vers le **29**.

Vous pouvez suivre son conseil. Rendez-vous alors au **29**.
Mais vous pouvez préférer ne pas en tenir compte, et poursuivre votre chemin. Dans ce cas, rendez-vous au **19**.

23

L'Homme de Pierre possède 28 POINTS DE VIE. Il n'est pas très agile, et il lui faut donc obtenir au minimum 8, avec les dés, pour vous frapper de son épée. En revanche, cette épée vous infligera 4 Points de Dommage si elle vous touche. Bonne chance !

Si l'Homme de Pierre vous tue, rendez-vous au **14**. Mais si vous êtes vainqueur, rendez-vous au **37**.

24

Cette église ne ressemble à aucune de celles qu'il vous ait été donné de voir. Du moins, dans l'état où elle se trouve. Il y a une nef, des bancs, un autel, un orgue, une chaire, un lutrin et tout le reste, y compris des vitraux. Mais tout cela est couvert de poussière, et il y a des toiles d'araignées partout. Elles vous effleurent le visage quand vous avancez, et un nuage de poussière se soulève à chacun de vos pas. Les habitants n'ont guère l'air portés sur la religion. Vous avancez, et... ta-ta-ta-boum ! Une musique d'orgue ! L'orgue de l'église s'est mis à jouer. Vous sursautez, vous pivotez sur vous-même en levant les yeux vers la tribune d'orgue, mais les toiles d'araignées vous empêchent de voir.
Ah ha ha ha ha ah !
Un rire dément ! Son écho se répercute dans toute l'église puis la musique s'interrompt brusquement. D'instinct, vous portez la main à la garde de votre épée, et c'est une chance, car une silhouette voilée et masquée, brandissant une lame étincelante, se balance au-dessus de vous au bout d'une corde.
— Prends garde ! hurle la créature en atterrissant à quelques mètres devant vous. Prends garde au Fantôme de l'Église du Village ! Là-dessus, il bondit sur vous et vous attaque férocement, l'épée haute.
Pas de doute, il faut vous battre, Pip, quoi que vous en pensiez. Le Fantôme possède 30 POINTS DE VIE

mais ne porte pas d'armure, vous lui infligerez donc le maximum de Points de Dommage chaque fois que vous le frapperez. En revanche, il est de première force à l'épée, il lui suffit donc de sortir un 5 ou plus pour vous frapper. Son épée inflige 3 Points de Dommage.

Si le Fantôme vous tue, rendez-vous au **14**.
Si vous tuez le Fantôme, rendez-vous **87**.

25

Vous émergez dans un désert volcanique. Vous vous trouvez au milieu de champs de lave, de vastes étendues où se dressent en formes grotesques des pierres au profil tourmenté, une surface ondulée, creusée de trous, sur laquelle il est difficile d'avancer. Vous êtes entouré de falaises aux flancs abrupts se dressant à des hauteurs vertigineuses. Espérons que vous n'aurez pas à les escalader : même avec l'équipement dont vous disposez, il vous faudrait près d'une année. L'atmosphère est sinistre ; les falaises sont si

hautes qu'elles arrêtent presque toute la lumière du soleil. Il devrait faire froid également, mais en réalité, il règne une chaleur presque tropicale, due sans doute à quelque activité volcanique souterraine. En tout cas une odeur acide, pénétrante, sulfureuse, flotte dans ce décor, comme si vous étiez arrivé au seuil même de l'Enfer.
Vous avancez avec circonspection, l'oreille aux aguets. Le sol est en général relativement ferme, bien qu'il s'effondre un peu par endroits. De temps à autre, un grondement lointain, presque inaudible, roule sous vos pieds, vous mettant les nerfs encore plus à vif. Vous n'avez le choix qu'entre deux directions : plein nord, ou nord-est. Toutes les autres vous sont barrées par des falaises, ou des flèches rocheuses aux lignes chaotiques et torturées.

Si vous décidez de prendre la direction du nord, rendez-vous au **62**.
Si vous préférez partir en direction du nord-est, rendez-vous au **84**.

26

Vous venez d'être empoisonné. Ce petit monstre féroce avait des crocs venimeux. Quel désastre ! Lancez vite deux dés.

Si vous faites :
de 2 à 4 : rendez-vous au redoutable **14**.
de 5 à 8 : vous êtes naturellement immunisé contre le poison. Revenez au **6**, et poursuivez le combat.
9 : le Lapin Blanc meurt d'une allergie brutale pour vous avoir trop mordu. Rendez-vous au **6**, et voyez ce que vous devez faire, maintenant que vous êtes débarrassé de ce maudit rongeur.

25 *Vous vous trouvez au milieu d'un champ de laves.*

de 10 à 12 : vous avez perdu la moitié de vos POINTS DE VIE, et la faiblesse qui vous gagne vous fait perdre connaissance. Lorsque vous revenez à vous, vous constatez que le Lapin Blanc a réussi (et vous vous demandez bien comment) à vous traîner jusque dans les bois, où il a dû disparaître. Rendez-vous au **5**.

27

Allez-vous réussir cette descente vertigineuse ? La falaise est extrêmement abrupte. Et même avec des cordes et des crampons, il faut être un peu inconscient pour s'y aventurer. Si vous hésitez, vous pouvez retourner immédiatement au **7** pour réfléchir de nouveau aux choix qui s'offrent à vous. Mais si vous décidez de tenter l'aventure, lancez deux dés.

Si vous faites :
de 2 à 8 : rendez-vous au **49**.
de 9 à 12 : rendez-vous au **59**.

28

Des poireaux et des laitues en pierre, des choux en pierre, des petits pois en pierre, des carottes en pierre, des épinards en pierre, et même des pommes de terre en pierre. Et un peu plus loin, vous voyez nettement des fleurs en pierre : des roses, des jacinthes, des rhododendrons, du muguet, des boutons d'or et des marguerites. Il doit y avoir une belle quantité de chaux dans le sol par ici.
Et les statues de monstres n'ont rien de bien plaisant. Ce sont de gigantesques créatures aux gueules hérissées de crocs, aux poitrines velues, aux pattes griffues. Absolument hideuses à voir. Et qui ont l'air vivantes. On s'attend presque d'un instant à l'autre à en voir une remuer. D'ailleurs, il y en a une, là-bas, dans le coin, qui semble bouger effecti-

vement. Un effet de la lumière sans doute. Le sol n'est pas en pierre. C'est de la terre ordinaire, comme dans un vrai jardin. Sauf qu'il y pousse des plantes en pierre. Quel endroit bizarre. Pourquoi quelqu'un aurait-il envie de faire pousser des végétaux en pierre et de décorer ensuite tout son jardin de statues de monstres ? Etes-vous bien sûr que celui-ci n'a pas bougé ? Non, il ne peut pas avoir bougé. Vous tirez, à titre d'expérience, sur un chou-fleur en pierre, et il s'arrache du sol, racines comprises. Des racines en pierre, bien entendu. Plus que bizarre, cet endroit. Avez-vous remarqué comme il fait froid soudain ?

Le Monstre a bel et bien bougé ! Il se tourne vers vous, bombant sa poitrine velue, montrant les crocs ! Rapide comme l'éclair, vous portez la main à votre épée... mais voilà que votre bras vous refuse tout service ! Fuyez, Pip, fuyez ! Vos jambes elles aussi sont paralysées. Vous avez froid. Tellement froid ! Vous ne pouvez bouger un seul muscle et vous êtes glacé ! Désespérément, vous essayez de prononcer un sortilège, mais vos lèvres et votre langue elles-mêmes vous refusent tout service.

Vous êtes en train de vous transformer en statue de pierre, voilà ce qui vous arrive. Aucun doute n'est permis ! Le Monstre n'est plus qu'à quelques mètres de vous. Il ouvre une large gueule hérissée de crocs. Au moins, vous pouvez encore lancer les dés. Lancez-en deux maintenant pour voir si vous pouvez vous sortir de ce guépier.

Si vous obtenez :
de 2 à 6 : rendez-vous au **67**.
de 7 à 10 : rendez-vous au **70**.
11 ou 12 : rendez-vous au **75**.

29

C'est absolument impensable, Pip, et pourtant, c'est bien ce qui est arrivé. Vous avez suivi ses directives à la lettre... et maintenant vous vous retrouvez à votre point de départ, avec Wanda la Vagabonde qui vous regarde avec stupeur. Pas d'autre solution que de sortir votre carte et de repartir à zéro. Mais une partie de l'itinéraire au moins vous est maintenant familier, et vous avez peut-être appris à éviter certains des pires dangers.

30

On dirait les vestiges d'une tour de guet en pierre. Très, très ancienne. En ruine maintenant, bien entendu. La presque totalité de la tour s'est écroulée et le sol est jonché de pierres et de gravats. Vous pourriez perdre votre temps ici indéfiniment, vous tordant les chevilles sur les cailloux. Pourquoi ne pas lancer deux dés pour voir ce que le sort réserve à un intrépide aventurier dans cet endroit.

Si vous faites :
de 2 à 6 : rendez-vous au **80**.
de 7 à 12 : rendez-vous au **88**.

31

Rien à faire, encore perdu. Lancez les dés de nouveau.

Si vous faites :
de 2 à 6 : rendez-vous au **17**.
de 7 à 12 : rendez-vous au **73**.

32

Pas un mauvais choix, Pip. Les armes magiques sont efficaces ici, bien que vous ayez à soustraire 4 points de tous les Points de Dommage qu'elles infligent. Rendez-vous au **23**.

33

Le village disparaît et la route s'étend à l'infini devant vous. Vous faites demi-tour, mais le porche a disparu lui aussi. Il n'est plus question de revenir sur vos pas maintenant. La seule solution, c'est de continuer votre chemin. Vous marchez jusqu'à ce que vos jambes s'alourdissent de fatigue, et que le soleil se couche, et vous installez votre campement comme vous le pouvez : demain, il fera jour. Naturellement, il pleut ! Rendez-vous au **125**.

34

Comment un être sensé pourrait-il avoir envie d'explorer cet endroit ? C'est un cimetière. Vous le saviez que c'était un cimetière : vous pouviez parfaitement le voir avant de décider d'entrer ! Que pouviez-vous bien espérer trouver dans un cimetière ? Eh bien, vous avez trouvé des tombes. Et des pierres tombales. Et... oh, misère, on dirait que vous avez recommencé, Pip : cette tombe, un peu plus loin, est *béante* ! Vous voyez une main en sortir et gratter la terre meuble à côté de la fosse ! Précipitez-vous au **91**, avant que la Chose ne bondisse sur vous !

35

Lancez deux dés.

Si vous faites :
de 2 à 6 : vous ne voyez aucun arbre qui pourrait faire l'affaire à proximité. Rendez-vous au **21**, et faites un nouveau choix.
de 7 à 12 : rendez-vous au **85**.

36

— Très aimable à vous, Votre Honneur, dit le petit homme. Ce sera bien volontiers, puisque vous me le proposez. Et il se hisse sur la souche pour s'installer confortablement. Pendant qu'il mange (et il a un fameux coup de fourchette pour quelqu'un de sa taille), il vous examine, vous, vos vêtements et vos armes. Ai-je raison de supposer, finit-il par demander, que vous êtes un voyageur ou un aventurier ? Vous acquiescez d'un signe de tête.
— C'est bien ce que je pensais, en vous regardant. Vous ne vous rendez pas, par hasard, à l'Antre du Dragon ?

Allez-vous lui révéler votre destination ? Si oui, rendez-vous au **56**.
Mais peut-être jugez-vous plus prudent de ne rien lui dire ? Rendez-vous dans ce cas au **22**.

37

Ouille, ouille, ouille ! Quel combat ! Pendant un moment, vous avez bien cru que vous n'alliez pas vous en tirer. Cela montre ce qu'on peut accomplir grâce au courage, à l'habileté et à la détermination. Vous vous attardez un moment pour reprendre des forces, puis vous poursuivez votre chemin. Rendez-vous au **13**.

38

On dirait une chaumière, ressemblant à n'importe quelle chaumière. Murs blanchis à la chaux, toit de chaume. Elle est construite contre la palissade, bien sûr, de même que plusieurs autres comme vous l'avez remarqué, sans aucun doute. Vous entrez néanmoins, puisque vous êtes venu jusque-là. Et la porte étant entrebâillée, vous y pénétrez sans problème.

La chaumière est déserte. Assez propre, et en ordre, mais il y règne cette étrange odeur de moisi indiquant que personne n'a vécu ici depuis des années. La maison semble avoir été habitée autrefois. Il y a encore quelques meubles çà et là, des bibelots sur la tablette de la cheminée et des tableaux (des paysages) aux murs. *Et il y a une porte de derrière !* S'il y a une porte de derrière, cela signifie qu'on doit pouvoir franchir la palissade !

Si vous voulez franchir cette porte, rendez-vous au **92**.
Si vous préférez vous attarder encore un moment dans le village, reprenez votre carte et allez explorer un autre endroit.

39

Comme vous vous approchez de cette chaumière, vous remarquez, près de la porte d'entrée, l'un de ces atroces gnomes en plastique dont on décore les jardins et qui vont devenir si populaires dans quelques siècles. Hé, un instant ! Un nain en plastique du temps du roi Arthur ! Il y a là quelque chose qui cloche !
— Bonjour, l'Humain, dit le Gnome que vous contemplez alors avec stupéfaction.

— Vous êtes... réel ? demandez-vous bêtement.
— Je pense, répond le Gnome. Que puis-je faire pour vous ?
Excellente question, puisque vous comptiez simplement fouiner un peu dans sa chaumière, ce que vous ne pouvez guère lui avouer. Après réflexion, vous répondez :
— Je me demande, Gnoble Gnome, si vous connaissez le meilleur chemin pour arriver à l'Antre du Dragon ? Ou, par ailleurs, si vous pouvez m'indiquer un moyen de sortir de ce village.
Il opine gravement de sa tête de Gnome.
— Parmi toutes les questions que vous auriez pu poser, je peux vous proposer des réponses à ces deux-là. Avez-vous de quoi les payer ?
— Payer quoi ? demandez-vous.
— Les réponses ! rugit le Gnome, furieux. Vous ne pensez quand même pas que je vais vous donner gratis des renseignements de cette valeur ?
— Non, bien sûr, mentez-vous effrontément. Combien coûtent les réponses ?
— Ça dépend, dit-il un peu calmé. Je suis, comprenez-vous, un Gnome à l'esprit aventureux, et donc tout à fait prêt à laisser le hasard décider du prix.
Là-dessus, il sort de sa poche deux dés tout à fait semblables aux vôtres.
— Voulez-vous prendre la peine de les examiner ? dit-il. Pour vous assurer qu'ils ne sont pas pipés ou trafiqués d'une façon quelconque ?
Vous les examinez donc. On a beau être transporté à l'ère de la Chevalerie, l'esprit chevaleresque ne vous oblige pas à vous laisser arnaquer par un Gnome. Les dés, cependant, sont parfaitement normaux.
— Voyons, reprend le Gnome, vous désirez connaître le chemin jusqu'à l'Antre du Dragon. Disons que

c'est la Question n° 1. Et vous voulez savoir comment on sort du village. Ce sera la Question n° 2. Maintenant nous allons jeter ces dés parfaitement normaux et découvrir combien vaut chaque question, en Pièces d'Or. Pour chaque point sorti par les dés, la valeur sera de 10 Pièces d'Or. Vous pouvez donc, éventuellement obtenir les réponses à vos questions pour 20 Pièces, mais il se peut que vous ayez à débourser jusqu'à 120 Pièces d'Or.
Inscrivez ci-dessous les chiffres que vous obtenez en lançant les dés, et multipliez-les par 10.

Question n° 1 :
Question n° 2 :

Avez-vous les moyens de payer pour obtenir des réponses à vos questions ? Vérifiez l'argent et les objets de valeur dont vous disposez.
Si vous ne voulez pas payer, que vous en ayez les moyens ou non, reprenez votre carte et allez explorer un autre endroit (le Gnome n'y verra aucun inconvénient, et vous pourrez toujours revenir le voir plus tard, si vous le désirez).
Si vous payez pour une réponse à la Question n° 1, rendez-vous au **93**.
Si vous payez pour une réponse à la Question n° 2, rendez-vous au **113**.
Si vous payez pour les deux réponses, vous pouvez choisir de vous rendre soit au **93**, soit au **113**.

40

Voilà qui est mieux ! Une table chargée de beignets, de meringues, de tartes aux pommes, de cakes, de brioches, de bombes glacées, de gâteaux aux noix et de friandises de toutes sortes. Il y a même un pichet de citronnade fraîche. Et personne en vue ! Régalez-vous. Vous avez besoin de prendre des forces quand vous le pouvez dans un endroit pareil ! Rendez-vous ensuite au **100**.

41

Dites-moi, Pip : qu'est-ce qui est vert vif avec des dents rouges, se tient debout sur deux jambes, et brandit une dague dans chaque main ? Non, je ne sais pas non plus. Mais il existe une créature ainsi faite dans cette chaumière. Elle possède en outre 15 POINTS DE VIE, et vous considère d'un air affamé. Je suppose que vous n'avez pas apporté de provisions de réserve, n'est-ce pas ? Si vous ne disposez que de peu de nourriture, mieux vaut ne pas en proposer, car vous vous retrouveriez à un moment ou à un autre, le ventre creux. Mais si vous avez un repas de réserve, la créature pourrait souffrir d'une telle indigestion, une fois rassasiée, qu'elle ne vous importunerait jamais plus. Si vous ne disposez pas de repas de réserve, vous devez, une fois de plus, livrer combat.

Si vous êtes vainqueur, vous pouvez garder les dagues, ainsi que les 10 Pièces d'Argent que vous trouverez dans la bourse de la créature (c'est peut-être bien une sorte de kangourou vert et rouge porteur de dagues... ou alors un ornithorynque magique... ou encore un très vieux nasique... A moins qu'il ne s'agisse d'un joueur de cricket australien bizarrement déguisé... On ne le saura jamais). Puis, reprenez la carte du village, et partez explorer un autre endroit. Si vous êtes vaincu... le **14** !

42

Vous n'allez jamais le croire, Pip. Le soleil brille partout et Wanda la Vagabonde vous pousse dans le dos avec son mufle, l'air stupide. Vous avez bouclé la boucle et vous vous retrouvez à votre point de départ. Mieux vaut examiner à nouveau la carte que Merlin vous a donnée et refaire une tentative ! Vous pouvez choisir n'importe laquelle des sections indiquées pour reprendre le départ.

43

Ah, il semble que nous progressions ! Il existe une porte de derrière à cette chaumière.

Si vous décidez de franchir la porte du fond, rendez-vous au **92**.
Si vous préférez vous en abstenir, retournez à votre carte et reprenez votre exploration.

44

Vous pénétrez dans la chaumière et vous tombez dans une trappe. Désolé d'être aussi brutal, Pip, mais quand vous avez des ennuis, il est indispensable que vous le sachiez immédiatement. Et peut-être avez-vous de graves ennuis.
Tout d'abord, le fond de la fosse est hérissé de pointes acérées. Lancez deux dés pour savoir si l'une ou l'autre vous a embroché. Si vous faites de 2 à 6

l'une au moins vous a blessé. Si vous faites de 7 à 12, vous les avez évitées par miracle.
Si vous êtes embroché, lancez vos dés de nouveau pour savoir quels dommages ont subi vos POINTS DE VIE. Si vous n'avez plus de points, vous êtes mort, et rendez-vous au **14**. Si vous êtes toujours en vie, les mauvaises nouvelles ne font que commencer : les piques sont empoisonnées. Lancez deux dés de nouveau pour savoir si vous êtes naturellement immunisé. De 2 à 6, le poison ne vous fait aucun mal. De 7 à 12, le poison est mortel ; rendez-vous au **14**.
Même si vous n'êtes pas tombé sur les piques, il vous faut néanmoins sortir de là. Si vous avez emporté du matériel d'escalade, comme des crampons et une corde, vous pouvez remonter assez facilement. Reprenez votre carte et explorez une autre partie du village. Si vous ne disposez pas du matériel nécessaire, vous êtes prisonnier de la fosse où vous allez mourir de faim. Rendez-vous au **14**.

45

Comme c'est étrange : cette demeure ressemble à une chaumière, elle a la forme d'une chaumière et la taille d'une chaumière, mais maintenant que vous en êtes proche, vous constatez que ce n'est pas une chaumière, mais un énorme rocher coiffé d'un toit de chaume. Vous pourriez passer l'éternité entière à essayer de comprendre ce prodige. Mais il est sans doute plus intelligent de reprendre votre carte, et d'aller faire un tour ailleurs.

46

— Bonjour, petite personne, déclare quelque part au-dessus de vous une voix profonde, mais curieusement bruissante.

Vous levez la tête vers les branches de l'arbre, mais vous ne voyez personne.
— Non, bien sûr, reprend clairement la voix. Ou plutôt si. C'est moi que vous regardez.
— Mais je ne vous vois pas, protestez-vous.
— Si, vous me voyez.
— Vous voulez dire ... que vous êtes l'arbre ? Un arbre qui parle ?
— Oui, mais je ne suis pas un vieil arbre ordinaire, dit la voix. Je suis le Chêne du Druide. C'est là un arbre tout à fait spécial. Entre parenthèses, méfiez-vous du Lapin, il a des dents empoisonnées.
— Merci de me prévenir, répliquez-vous poliment, bien qu'abasourdi de parler à un arbre (ou du moins de parler à un arbre qui répond). Vous ne savez pas, par hasard, comment on sort de cette forêt ?
— Si, bien sûr. Je vis ici depuis cent ans, pas vrai ? Et une de ses grosses branches s'incline, comme ployée par un vent violent, et vous indique le nord-est.

Si vous décidez de faire confiance à l'arbre, rendez-vous au **77**.
Sinon, retournez au **11** et faites un nouveau choix.

46 *« Je suis le chêne du Druide », dit la voix.*

47

Le Comte Dracula disait volontiers que lorsqu'on avait vu une crypte, on les avait toutes vues. Mais, quoi qu'il en soit, cette crypte-là semble vraiment tout à fait spéciale. Pour commencer, elle est tout entière en marbre *rose*. Et, en plus, sur une plaque en cuivre ornant la lourde porte de bois sont gravés les vers suivants :

Oh, voyageur lassé aux pieds si douloureux,
Aux pieds si poussiéreux,
Aux cheveux pleins de poux,
Entre ici
Pour y prendre un peu de répit.
Moi, de ma poésie, je vais te régaler.
Franchis ce seuil, voyageur esseulé
Et partage avec moi ce toit si doux.

Une seule créature au monde pourrait écrire un poème aux rimes si désastreuses. Sa renommée est telle que tout le monde, ou presque, à Avalon a entendu parler de lui à un moment ou à un autre. S'agirait-il de... Mais oui ! En dessous du poème se trouve une autre plaque, en fer celle-là, portant les mots :

CRYPTE DE NOSFÉRAX
(Prière de frapper).

Ne perdez plus une seconde ! Ceci sera certainement dangereux, mais le jeu devrait en valoir la chandelle. Entrez ! Entrez !

Si vous décidez de pénétrer dans la Crypte de Nosférax, rendez-vous au **107**.
Sinon, retournez à votre carte et explorez une autre partie du village.

CRYPTE DE
NOSFERAX
(PRIERE DE FRAPPER)

48

Vous entrez dans la chaumière et tout l'édifice s'écroule sur vous. Ce n'est parfois pas drôle d'être un aventurier, Pip ! Rendez-vous au **14**.

49

Vous vous collez comme vous le pouvez à la paroi et vous amorcez une périlleuse descente, centimètre par centimètre, cherchant des prises quasiment inexistantes sous vos pieds. Du fond de l'abîme souffle un vent violent dont la puissance augmente encore de façon alarmante pendant votre descente. Maintenant que vous vous êtes vraiment lancé dans cette entreprise, l'abîme paraît beaucoup plus profond que vous ne l'aviez imaginé. Beaucoup plus profond...

Ne regardez pas vers le bas !

La falaise se dérobe en dessous de vous sur des kilomètres, et des kilomètres, et des kilomètres, et...

Ne regardez pas vers le bas !

... des kilomètres, et des kilomètres, et des kilomètres, et... vous êtes pris de vertige...

Vous tombez ! Rendez-vous au **14**.

50

Grrrrrr !

Quel bruit affreux à entendre quand vous ouvrez la porte d'une chaumière, Pip. Il fait sombre à l'intérieur, et pendant un moment, vous ne distinguez que deux yeux rouges aux reflets sauvages. Le Loup vous saute alors à la gorge ! Il est gigantesque — 31 POINTS DE VIE — et ses crocs infligent 3 Points de Dommage. Bénéficiant de l'effet de surprise, il frappe également le premier. En outre, son épaisse fourrure lui tient lieu d'armure en un sens, ce qui retire 1 point à tous les Points de Dommage que vous pouvez lui infliger. Lancez les dès. Vous avez un autre combat sur les bras.

Si le Loup vous tue, rendez-vous au **14**.
Si vous tuez le Loup, vous aller trouver dans la chaumière un coffret contenant 100 Pièces d'Or. Prenez-le, retournez à votre carte et explorez une autre section du village.

51

Si vous n'étiez pas un aventurier aussi chevronné, vous auriez pensé qu'il s'agissait simplement d'une vieille maison abandonnée. Personne, aucun objet de valeur, quelques débris de vieux meubles... Le genre d'endroit qui vous incite à tourner aussitôt les talons pour ressortir. Mais vous ne l'avez pas fait, n'est-ce pas ? En tâtonnant le long des murs et au-dessus de la cheminée, vous avez trouvé un drôle de petit bouton. Quand vous avez tourné ce drôle de petit bouton, une drôle de petite porte dérobée s'est ouverte dans le mur, donnant sur un drôle de petit passage secret.
Evidemment, vous n'êtes pas *obligé* d'explorer ce passage secret. Vous pouvez simplement vous reporter à votre carte du village et en explorer une autre partie. Mais si vous voulez en réalité explorer le passage secret, cela vous conduit au **90**.

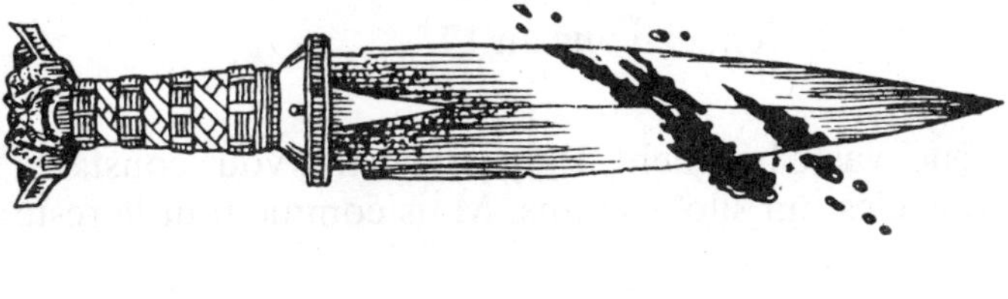

52

Quelqu'un aime vraiment les plantes vertes. Quand vous entrez dans cette chaumière, il vous vient aussitôt à l'esprit l'image d'une charmante vieille dame s'affairant dans le calme de son logis campagnard. La maison est absolument envahie par la verdure. Des fougères... des palmiers nains... des caoutchoucs... des bonsaï... des plantes grimpantes. Beaucoup de plantes grimpantes. Il y en a partout ! Et elles *bougent* ! Elles s'enroulent autour de vous, Pip ! Lancez deux dés pour voir si vous pouvez dégager le bras qui manie l'épée.

Si vous faites de 2 à 6, vous êtes fermement immobilisé. Incapable de lutter, vous serez lentement étranglé et digéré par les plantes grimpantes. Abrégez vos souffrances en vous rendant immédiatement au **14**. Si vous faites de 7 à 12, vous dégainez votre épée. Dès lors, le problème est réglé. Vous hachez menu ces horribles plantes grimpantes sans subir le moindre dommage. Ça leur apprendra ! Maintenant reprenez votre carte et allez explorer une autre partie du village.

53

Comme aventurier, vous vous posez là. Pas même capable de trouver votre chemin pour sortir de... oh, peu importe ! Lancez les dés de nouveau. Et tâchez de vous y prendre correctement cette fois !

Si vous faites :
de 2 à 6 : rendez-vous au **73**.
de 7 à 12 : rendez-vous au **17**.

54

Quel vaste bâtiment. En y pénétrant, vous constatez que c'est un silo à grains. Mais comme tout le reste dans ce village misérable, les grains sentent vraiment le moisi.

Si vous pensez ne rien y trouver d'intéressant, reprenez votre carte et explorez un autre secteur du village.
Si vous voulez explorer plus minutieusement le silo à grains, rendez-vous au **104**.

55

— Halte, Manant ! Comment oses-tu troubler mes méditations ?
Vous ne vous attendiez pas à entendre ce genre de propos en pénétrant dans une chaumière, à la campagne, mais vos oreilles ne vous ont pas trompé. Et ces mots sortent de la bouche d'un personnage couvert des pieds à la tête d'une armure aussi noire que le jais. Serait-ce le célèbre (et très redoutable) Chevalier Noir dont le nom n'est prononcé qu'à voix basse à Avalon ?

Si vous avez déjà traversé précédemment le Château des Ténèbres du Magicien Ansalom, rendez-vous au **96**.
Si vous voulez vous adresser poliment au personnage en armure, vous pouvez le faire, avant de battre prudemment en retraite. Reprenez ensuite votre carte, et explorez une autre partie du village.
Si vous voulez vous faire une réputation en défiant le Chevalier Noir, rendez-vous au **118**.

56

— C'est dangereux, sans aucun doute, de se rendre dans cet endroit fait remarquer le petit homme. Et, bien difficile d'y arriver, si on ne connaît pas le chemin ; mais, enfin, c'est toujours difficile d'aller quelque part sans connaître le chemin.

— Et vous, vous connaissez le chemin ? demandez-vous vivement, puisque, d'après ces remarques, il semble pour la première fois que vous soyez sur la bonne voie.

— Je le connais, dit le petit homme. Du moins en théorie, car je n'y suis moi-même jamais allé et n'ai pas la moindre intention non plus de m'y rendre. Mais, si vous êtes bien décidé, ce serait vraiment mesquin de ma part de ne pas vous mettre sur la bonne route, en remerciement de votre générosité. J'ai bien peur, néanmoins, que vous ne soyez obligé de traverser le village que vous voyez là-bas.

— Pourquoi avez-vous peur ? demandez-vous en fronçant les sourcils.

— Parce que c'est un endroit que vous feriez mieux d'éviter. Contrairement à l'Antre du Dragon, voyez-vous, je suis allé au village de Pierre-qui-Mue (c'est le nom de cet endroit maudit) et j'ai eu bien de la chance de m'en sortir indemne. Mais enfin, si vous voulez arriver à l'Antre du Dragon, la seule solution, c'est de traverser le village.

— Je me dirige depuis un bon moment vers ce village, lui expliquez-vous, mais sans jamais m'en rapprocher.

— Ah ça ne m'étonne pas. Il n'y a qu'un chemin pour y arriver, et la plupart des gens le ratent invariablement. Félicitez-vous donc de m'avoir rencontré, car je peux vous indiquer la bonne route. Là-dessus, il se penche vers vous et vous chuchote quelques mots à l'oreille. Vous remerciez le petit homme, vous rassemblez vos affaires (en prenant soin de ne rien laisser derrière vous) et vous repartez en traînant la jambe, à la recherche du **13**.

57

De près, le site n'est pas aussi impressionnant qu'il le paraissait de loin. En fait, il n'est pas impressionnant du tout. Peut-être était-ce jadis une très belle abbaye, mais il n'en reste guère que des ruines. Des murs croulants, ou près de s'écrouler. Et pourtant, les lieux, sauf erreur, sont encore habités.
Venant vers vous, le visage dissimulé derrière le volumineux capuchon de leurs volumineuses robes noires, six Moines s'approchent. Comptez-les. Celui qui marche en tête porte une bannière brodée fixée au bout d'une longue hampe. Vous levez les yeux vers la bannière. Elle est ornée d'une tête de mort couleur or. Le suivant porte un encensoir dans lequel il doit brûler des vieilles chaussettes, à en juger par la puanteur qui s'en dégage. Ils se tournent dans votre direction. Ils psalmodient. Voici ce qu'ils chantent : « Viens avec nous, petit aventurier, et reste avec nous à jamais. »

Si vous voulez rester avec eux à jamais, rendez-vous au **110**.
Si vous prenez vos jambes à votre cou séance tenante, vous pouvez reprendre votre carte et explorer une autre partie du village. (Les Moines ne vous suivront pas en dehors de leur abbaye.)
Si vous vous demandez quelles sont vos chances en cas d'échauffourée, sachez, et c'est une bonne nouvelle, que les deux premiers Moines s'abstiendront d'intervenir. Les quatre autres, en revanche, sont des Moines Guerriers, disposant chacun de 25 POINTS DE VIE. Ils combattent à mains nues, et ils vous infligeront 3 Points de Dommage supplémentaires en plus de ceux qu'ils pourront vous infliger normalement. Vous les combattrez chacun à leur tour. Mais

ils sont si rapides, qu'ils vous frapperont une fois tous les quatre avant que vous ne puissiez riposter. Ensuite, ils ne devront faire que 4 pour vous porter un coup. Maintenant c'est à vous de savoir si vous voulez les affronter ou non. Dans le premier cas, si vous êtes vaincu, rendez-vous au **14**. Si vous êtes vainqueur, rendez-vous au **94**.

58

Il semble que vous approchiez d'une ville. Ou plutôt, d'un village. La première chose que vous remarquez, c'est le clocher de l'église puis, tandis que vous poursuivez péniblement votre chemin, apparaissent les toits de chaume des chaumières. Le seul problème, c'est que vous avez beau marcher, marcher, le village, pourtant bien visible, reste toujours aussi éloigné. Il y a vraiment de la magie dans l'air. Mieux vaut lancer dès maintenant vos dés, pour savoir s'il y a un moyen d'atteindre ce village.

Si vous faites :
de 2 à 4 : rendez-vous au **9**.
de 5 à 8 : rendez-vous au **13**.
de 9 à 12 : rendez-vous au **19**.

59

Un vent violent se lève et vous avez de plus en plus de mal à rester cramponné contre la paroi de la falaise. Même avec votre matériel, il faudrait être un grimpeur expérimenté pour effectuer cette descente. Des rafales s'engouffrent dans vos vêtements, vous secouent menaçant de vous arracher à vos prises et de vous envoyer vous fracasser plus bas. Mais vous mobilisez toute l'énergie et toute la volonté que vous possédez et vous vous agrippez farouchement. Vous

57 *Six moines, vêtus de robes noires, s'approchent de vous.*

avez les muscles noués par l'effort, les membres douloureux. Mais votre détermination farouche et vos doigts d'acier finissent par l'emporter...
Du beau travail, vraiment, Pip ! Vous vous retrouvez au fond du gouffre. Il ne reste plus maintenant qu'un petit problème à résoudre : comment franchir le torrent furieux qui coule maintenant devant vous ? Vous considérez la rive d'en face, vous rappelant peut-être pour la première fois que vous ignorez si le corps de Pip que vous occupez a jamais appris à nager. Et votre seule solution ici, c'est de traverser à la nage. Plongez courageusement dans les eaux glacées, Pip, puis lancez les dés pour savoir ce qui va se passer.

Si vous faites :
de 2 à 6 : rendez-vous au **68**.
de 7 à 12 : rendez-vous au **78**.

60

N'avez-vous rien de mieux à faire que de fixer le fond d'un puits, Pip ? Particulièrement un puits où se trouve un Farfadet des Eaux. Parfaitement, un *Farfadet des Eaux* !
Cette créature ne possède que 10 POINTS DE VIE, mais si cette nouvelle paraît bonne, réfléchissez à deux fois : seule la magie peut la neutraliser. Il va falloir utiliser le sortilège FIP ou le sortilège HEP (s'il vous en reste).

Si l'un ou l'autre des sortilèges opère, la créature meurt et vous pouvez reprendre votre carte et continuer à explorer le village.
Si le sortilège échoue ou qu'il ne vous reste plus de sortilèges, la créature va absorber vos POINTS DE VIE comme une éponge. Rendez-vous au **14**.

61

Vous savez quoi ? Pour la première fois dans ce village rébarbatif, vous avez trouvé un endroit qui dégage une plaisante atmosphère. Vous vous attardez sur le seuil de la chaumière, vous laissant envahir par cette agréable sensation.
Si vous étiez à court de POINTS DE VIE, cette demeure vous a rendu *toute votre force*, et vous vous retrouvez donc en possession de votre *total de départ* de POINTS DE VIE. Qu'est-ce que vous en dites ? Qui plus est, vous pouvez revenir ici après (mais pas pendant) l'exploration de n'importe quel endroit du village pour retrouver vos POINTS DE VIE à condition, bien entendu, que vous soyez encore dans le village. Maintenant reprenez votre carte et explorez ailleurs et ne vous plaignez pas qu'il ne vous arrive jamais rien d'agréable.

62

Vous vous dirigez vers le nord sur une courte distance avant de découvrir que vous avez fait un mauvais choix. Le sol se fissure brusquement sous vos pieds, et vous plongez dans un ruisseau de lave souterrain. Ce n'est qu'un tout petit ruisseau, mais là n'est pas la question. Même un ruisselet de lave suffit à venir à bout d'à peu près n'importe qui. Rendez-vous au **14**.

63

En approchant de cette chaumière, vous savez aussitôt qu'elle doit être habitée puisqu'un filet de fumée sort de la cheminée. Cette supposition se confirme quand, après avoir frappé poliment, vous entendez une voix répondre : Entrez !

Cette voix vous est vaguement familière : non que vous l'ayez déjà entendue mais ses inflexions ne vous sont pas inconnues. Vous entrez et vous voyez, assis dans un fauteuil à bascule devant le feu, une pipe en écume fichée entre les dents... un *Vieux du Pays* en personne !

— Je pensais bien que vous alliez arriver d'un moment à l'autre, déclare-t-il en vous dévisageant d'un regard à la fois soulagé, soupçonneux et vindicatif. Vous êtes à la recherche du Dragon de Bronze, pas vrai ?

— Eh bien, à vrai dire... commencez-vous. Mais comme la plupart des Vieux du Pays, il parle plus qu'il n'écoute et il vous interrompt en secouant la tête.
— Eh bien, jeune homme, c'est pas ici que vous le trouverez, faites-moi confiance. Tous les présages sont mauvais.
— Non, répondez-vous. Je ne m'attendais pas vraiment à trouver...
— Il faut aller jeter un coup d'œil dans l'Antre du Dragon, vous coupe-t-il. C'est là que vous avez le plus de chance de le trouver, s'il n'est pas en train de ravager et de piller le pays, et de dévorer des évêques presbytériens ou autres personnages du même acabit.
— Ma foi, en réalité, je cherchais justement l'Antre du Dragon. Vous ne savez pas, par hasard, où...
— Et ne me demandez pas où peut bien se trouver l'Antre du Dragon, interrompt encore une fois le Vieux du Pays. Je n'approuve pas ce genre d'endroits. Ce sont des repaires d'iniquités, je les évite donc.
Il se lève, la pipe toujours fermement coincée entre les dents.
— Vous mangeriez bien un peu de ragoût, je parie. Les jeunes de votre âge ont toujours faim.
— Non, sincèrement... dites-vous poliment, bien qu'en vérité vous vous sentiez un petit creux.
— C'est bien ce que je pensais, dit le Vieux du Pays. Je vais vous en donner un bol maintenant et un bol à emporter, si vous avez de quoi le transporter. Il contient de la feuille de laurier et de l'armoise, et il guérira tous les maux dont vous souffrez.
— Un ragoût curatif ? demandez-vous en regardant la marmite noire posée sur le feu.

— Oui da, et n'ayez pas l'air aussi surpris. Vous ne connaissez pas le vieux proverbe :

Si la maladie te ronge,
Qu'elle s'aggrave et se prolonge,
Prends donc, il n'est rien de mieux,
Un bol de ragoût des Vieux.

— Eh bien, non, avouez-vous. Je ne le connaissais pas du tout.
— Maintenant vous le connaissez, dit-il d'un ton abrupt. Un bol suffit pour guérir n'importe quelle maladie, n'importe quelle blessure. Vous sentirez les POINTS DE VIE circuler en vous comme la sève au printemps. Et, se servant d'une louche accrochée à un clou près de la cheminée, il vous remplit un bol. Lequel bol va vous restituer naturellement la totalité de vos POINTS DE VIE si, par hasard, vous en avez perdu, et guérir toute maladie que vous auriez pu contracter durant votre aventure. De plus, si vous avez eu la bonne idée d'emporter des ustensiles de cuisine, vous pouvez prendre avec vous un bol de ragoût que vous avalerez plus tard si vous perdez d'autres POINTS DE VIE. (Mais il faut que vous ayez des ustensiles de cuisine, car le ragoût du Vieux n'opère que s'il est consommé chaud.) Pour l'instant, retournez à la carte du village et continuez votre exploration.

64

Il s'est levé ! Le brouillard s'est levé ! Qu'est-ce que vous en dites : votre fameux sens de l'orientation n'était pas si mauvais après tout ! Maintenant rendez-vous au **58**.

65

Vous avez parcouru, non sans peine, des kilomètres en direction du nord-est, pour arriver là. Et maintenant que vous y êtes, vous vous demandez peut-être pourquoi vous vous êtes donné tout ce mal. Les verdoyantes prairies et les champs fertiles d'Avalon ont peu à peu cédé la place à un pays plus rude, plus sauvage et vous êtes maintenant à l'orée d'un bois sombre, menaçant. Ce qui vous frappe le plus, c'est un silence oppressant. En général, les oiseaux gazouillent sans fin dans les bois, et de petits animaux se faufilent dans les taillis. Mais ici, rien ne bouge, et le seul bruit que vous perceviez, ce sont les battements précipités de votre cœur. Allez-vous avancer dans le bois, Pip ?

Si vous décidez *de ne pas* entrer dans le bois, et de revenir sur vos pas, consultez la carte que vous a donnée Merlin, et choisissez une nouvelle direction en *commençant à l'endroit marqué d'un X*.
Si vous décidez de prendre le risque de vous aventurer dans le bois, rendez-vous au **5**.

66

Rendez-vous directement au **41**.

67

— Soyez le bienvenu, déclare le Monstre, qui a manifestement remarqué que vous vous transformiez petit à petit en pierre. Nous avons réservé un

emplacement de choix où nous vous placerons dès que vous serez complètement pétrifié. Là-bas vers le sud, où vous aurez bien chaud.
Vous n'allez pas supporter ça, n'est-ce pas ? Par un suprême effort de volonté, vous dégainez votre épée et vous la brandissez.Vous allez vous battre pour vous tirer de là, même si vous devez y laisser la vie. Le Monstre de Pierre ne dispose pas de tellement de POINTS DE VIE puisqu'il est déjà à moitié mort : 18 seulement pour être exact. Et il a besoin de sortir un 7, ou plus, pour réussir à vous frapper. De plus, vos efforts démesurés vous ont donné droit au premier coup. En revanche, vous êtes plus ou moins à moitié mort vous aussi, vous n'êtes donc pas dans de bonnes conditions pour vous battre. Il vous faut sortir un 8 ou davantage pour frapper durant ce combat et, comme le Monstre est en pierre, vous devez déduire 1 point de tous les Points de Dommage que vous lui infligerez. Mais enfin, la chance peut vous sourire.

Si le Monstre vous tue, rendez-vous au **14**.
Si vous réussissez à tuer le Monstre, vous pouvez vous traîner hors du jardin de pierre et, à ce moment-là, la paralysie qui vous envahissait petit à petit se dissipera. Reprenez votre carte et explorez une partie du village moins dangereuse.

68

Glou ... glou ... glou ... glou...
Ce sont les sons que vous émettez en vous noyant, Pip... Ce corps stupide ne savait pas nager ! Rendez-vous au **14**.

69

Rendez-vous directement au **41**.

70

La chance vous sourit, Pip. Vous trébuchez en reculant jusqu'à ce que vos pieds atteignent la limite du jardin de pierre. Aussitôt le Monstre se fige sur place, alors que vous-même, en revanche, cessez de vous transformer en pierre. Vous l'avez échappé belle ! Reprenez votre carte et explorez une partie moins dangereuse du village.

71

Félicitations ! Vous avez trouvé un fer à cheval ! Maintenant ne perdez plus de temps. Reprenez la carte pour explorer une partie plus intéressante du village.

72

C'est un bloc de pierre ! De pierre massive. Cette chaumière n'est pas du tout une chaumière : c'est une énorme masse de pierre taillée en forme de chaumière et recouverte d'un toit de chaume ! Une curiosité ! Reportez-vous à votre carte et explorez une autre partie du village.

73

Voilà qui est un peu mieux, Pip. Guère mieux, mais quand même. Les arbres semblent un peu moins denses par ici... Allons bon, voilà que vous tombez sur un Troll. Quel vilain petit bonhomme, en plus. Les bois en sont pleins à cette époque de l'année, cela n'a donc rien de bien surprenant, mais cela n'en est pas moins fâcheux, les Trolls étant ce qu'ils sont. Les Trolls des Bois en tout cas. Ils sont parfaitement immunisés au métal, il est donc inutile de les attaquer avec votre épée ou d'autres armes. (« Parfaitement inutile », marmonne E.J.) Mais si vous ne l'at-

taquez pas, il va vous dépouiller de tous vos biens. Il vous volera tout ce que vous possédez, (sauf l'armure et les armes) si vous n'intervenez pas rapidement. En fait, vous n'avez le choix qu'entre trois solutions. Vous pouvez le noyer dans votre gourde à eau. (Vous en avez bien emporté une, n'est-ce pas ?) L'eau prendra par la suite un goût bizarre mais c'est à prévoir. Ou alors, si vous n'avez pas emporté de gourde, vous pouvez l'assommer d'un coup sur la tête avec vos bottes de rechange. (Vous avez bien emporté des bottes de rechange, n'est-ce pas ?) Ou si vous n'avez emporté ni gourde à eau ni bottes de rechange, vous pouvez l'ensorceler en jouant du luth ou de la harpe. (Vous avez bien emporté un luth et une harpe, n'est-ce pas ?)
Si vous ne possédez pas le matériel nécessaire pour neutraliser le Troll des Bois, vous ne possédez plus que vos armes et votre armure. Mettez à jour votre *Feuille d'Aventure*. Dans tous les cas, rendez-vous au **11**.

74

Rendez-vous directement au **41**.

75

— Soyez le bienvenu, dit le Monstre de Pierre.
Mais vous ne répondez pas. Non pas par stoïcisme devant le danger. Vous ne répondez pas, parce que vous en êtes incapable ! Vous êtes complètement « pétrifié ». Rendez-vous au **14**.

76

Vous avez fait un tiers du chemin...
Vous avez fait la moitié du chemin...
Vos muscles sont maintenant crispés et douloureux

après tous les efforts que vous avez fournis. Vous avez les jambes en plomb. Vos doigts, engourdis par le froid de la rivière, vous refusent tout usage. Vous lâchez prise, Pip. *Vous lâchez prise !*

Vous tombez ... tombez ... tombez... Vous tombez jusqu'au **14**.

77

Bien jugé, Pip. Rendez-vous au **21**.

78

La chance vous sourit, Pip. Ce corps-là nage comme un poisson, comme une otarie ! Les remous glacés vous malmènent, vous submergent, vous projettent contre des rochers invisibles... mais vous continuez à nager ! Le courant vous ramène en arrière, vous entraîne en avant... mais vous nagez. Votre adresse et votre détermination — sans parler de vos muscles endurcis par toutes vos aventures — vous assurent la victoire. Vous arrivez de l'autre côté sain et sauf.

Maintenant il ne reste plus qu'un petit problème : la paroi verticale de la falaise qui se dresse devant vous... C'est le moment de sortir votre matériel d'escalade et de lancer deux dés, Pip. Voyons si vous allez réussir à franchir le dernier obstacle.

Si vous faites :
de 2 à 9 : rendez-vous au **85**.
de 10 à 12 : rendez-vous au **76**.

79

Rendez-vous directement au **41**.

78 *Les remous glacés vous malmènent, vous submergent...*

80

Un peu de persévérance peut vous mener loin. Vous avez repéré une ouverture. Pas une porte, juste une ouverture, la porte elle-même a disparu depuis longtemps. Mais l'ouverture donne accès à la tour en ruine. Vous tirez votre épée et vous avancez avec prudence, tous les sens en éveil, guettant le moindre danger. Pas un bruit ; rien. Vous entrez.
Une pénombre sinistre règne parmi ces ruines, et il faut un certain temps à vos yeux pour s'accommoder. Mais vous constatez bientôt que l'intérieur de la tour est en pire état encore que l'extérieur. Des pierres descellées et des tas de gravats jonchent le sol. On aperçoit encore les restes d'un escalier en spirale, mais qui ne monte plus très haut. Vous voyez l'endroit où il s'est écroulé, à cinq mètres au-dessus de votre tête. Vous songez un instant à ressortir, mais étant venu jusque-là, vous décidez d'explorer un peu plus avant. Votre épée à la main, vous commencez à circuler avec précautions parmi les débris...
Une fois de plus, votre persévérance est récompensée ! Vous repérez, à moitié dissimulée par les gravats, une trappe en bois pourrissant, cerclée de fer rouillé. Un anneau de fer permet de la soulever. Vous saisissez l'anneau d'une main ferme et vous tirez. L'anneau vous reste dans la main, mais peu importe : le bois est tellement décomposé, le fer tellement rouillé que la trappe tout entière s'effrite et votre regard plonge dans une fosse profonde et noire. Trop noire pour que vous puissiez voir quoi que ce soit. Rapidement, vous allumez une torche. A sa lumière vacillante, vous distinguez des marches de pierre, très raides, qui s'enfoncent dans l'obscurité. Une fois de plus vous hésitez, vous demandant si vous ne feriez pas mieux de retourner à la lumière

du soleil. Mais que trouverez-vous dans le village ? N'êtes-vous pas Pip, le Pourfendeur de Dragons ? Enfin, Pip le Futur Pourfendeur de Dragons, plutôt. Courageusement, vous posez le pied sur la première marche. Courageusement, vous glissez et vous dévalez l'escalier. Courageusement vous vous époussetez une fois arrivé en bas, indemne heureusement. Vous vous trouvez dans un couloir souterrain, sombre, humide, sans lumière. Allez-vous le suivre ? Oui, bien sûr ! Cela va de soi, non ?

Si vous ne désirez pas suivre le couloir, retournez à votre carte et explorez une autre partie du village. Si vous vous engagez dans le couloir, rendez-vous au **25**.

81

C'est un refuge magique, Pip. Un endroit merveilleux en plus, bien qu'il soit impossible à décrire : disons simplement qu'une lumière bleue y brille à profusion. Baignez-vous dans cette lumière, puis retournez au paragraphe que vous venez de quitter, ayant récupéré tous vos POINTS DE VIE.

82

Quel est ce bruit ? Quelqu'un siffle, juste derrière cet arbre. Peut-être sait-il comment sortir de ce bois stupide. Vivement, vous plongez dans les taillis, et vous rampez en direction du sifflement. Vous parvenez au pied d'un arbre, et vous vous redressez à l'abri de son tronc. Sapristi, c'est un Loup ! Ce sifflement était celui d'un Loup ! Essayez d'obtenir de lui une Réaction Amicale, vite ! Si vous échouez, dégainez E.J., (« Se battre si rapidement ? marmonne E.J., tu ne peux pas me laisser un peu en paix ? ») et, à l'attaque !

Le Loup Siffleur possède 15 POINTS DE VIE, mais ses dents sont émoussées. Il ne vous infligera donc pas plus de Points de Dommage que ceux indiqués par les dés.

Si vous gagnez le combat, ou si vous avez obtenu une Réaction Amicale, rendez-vous au **11**. Sinon, vous êtes bon pour le redoutable (et redouté) **14.**

83

Rendez-vous immédiatement au **41**.

84

Une odeur de soufre enflammé, à laquelle se mêle bientôt la puanteur caractéristique du méthane, empoisonne l'atmosphère. Il semble que vous brûliez, Pip, et ça n'a rien à voir avec la chaleur. Le sentier que vous suivez aboutit à la gueule béante d'une gigantesque caverne. Sans vouloir trop insister, vous semblez bien avoir trouvé... L'ANTRE DU DRAGON ! ! ! Vous n'avez plus envie de retourner chez vous maintenant, n'est-ce pas ? Préparez-vous au combat, et rendez-vous au **95**.

85

Vous avez réussi ! Après toutes ces épreuves, vous avez réussi ! Vous avez franchi l'abîme, sain et sauf. Rendez-vous au **16**.

86

— Non ! Non ! glapit E.J., paniquée, quand vous avancez d'un pas. J'ai un affreux pressentiment ! Une terrible intuition ! J'ai... Mais la stupeur lui coupe la parole.

Le passage secret vous a amené dans une vaste

84 *Le sentier que vous suivez aboutit à la gueule béante d'une gigantesque caverne.*

caverne souterraine, grande comme une cathédrale et taillée (à en juger par les murs) par la main de l'homme directement dans le socle rocheux en dessous du village de Pierre-qui-Mue. La caverne est illuminée par des cristaux étincelants sertis dans les parois et dans les colonnes de pierre naturelle qui supportent la voûte. Et sous cette voûte, montant du sol de pierre, s'épanouissent des fleurs, des buissons, des champignons de cristal, de toutes les tailles, formes et couleurs possibles, tous translucides ou transparents, reflétant la lumière, brillant de mille feux, transformant le décor en une véritable féérie. Et peut-être se trouve-t-on vraiment au Pays des Fées, à en juger par les petites créatures ailées qui volètent parmi les fleurs. Vous vous immobilisez, le souffle coupé par ce spectacle. Les petites créatures ailées (se pourrait-il que ce soient vraiment des Fées ?) ne vous prêtent aucune attention. Mais il y a une autre créature dans cette caverne, plus grande et beaucoup plus majestueuse. Un être mince, de haute taille, avec une peau d'argent et de grands yeux dorés. Ces yeux se fixent sur vous à l'instant même où vous entrez. A votre côté, vous sentez E.J. qui se met à vibrer.

La créature — l'être le plus beau peut-être que vous ayez jamais vu — se dirige vers vous, s'arrêtant à moins de dix mètres. Ses yeux dorés semblent vous fixer jusqu'au fond de l'âme. Elle prend la parole.

— Les mortels qui pénètrent ici sont souvent obligés d'y rester à jamais.

— Je te l'avais dit ! chuchote E.J. d'une voix sifflante. Cette fois, tu as réussi !

Mais la créature continue à parler, et sa voix mélodieuse résonne dans votre esprit.

— Mais je sens que ton âme est pure et qu'une tâche

urgente t'attend. Par conséquent, tu peux prendre ce que tu cherches et repartir en paix. Et elle se détourne pour s'éloigner.

Ce que vous cherchez ? Mais vous ne savez même pas ce que vous cherchez !
— Excusez-moi, lancez-vous. Excusez moi... monsieur. La royale créature se retourne et attend. Je crains de ne pas savoir du tout où je me trouve, balbutiez-vous.
— Tu es parvenu à l'entrée du Royaume du Sidhe. Ton destin je le vois, va peut-être t'entraîner un jour à t'y aventurer. Mais, pour le moment, tu ne peux pas aller au-delà de cette caverne.
Tout cela ne signifie pas grand-chose. Mais vous enchaînez précipitamment :
— En réalité, je ne cherche rien, vous savez. Je suis tombé par hasard sur ce passage et j'étais intrigué. Puis, une soudaine inspiration vous pousse à ajouter : Mon épée m'a dit de venir ici.

La créature sourit.
— Peut-être bien. Et puisque tu ne veux rien, la coutume de ma race veut que nous te donnions quelque chose. Donne-moi ton épée, je te prie.
— Non ! hurle E.J. qui, prise de faiblesse, s'évanouit et sombre dans le silence. Poussé par une force inconnue, vous tendez E.J. à la créature d'argent qui passe rapidement la main sur la lame. Puis, elle vous rend votre épée.
— Quand ton épée s'éveillera, elle sera légèrement différente. Dorénavant, elle infligera 10 Points de Dommage supplémentaires aux Dragons, quand tu les combattras. Va, maintenant.
Et cette fois, lorsque la créature d'argent se détourne, les cristaux perdent peu à peu de leur éclat. Vous vous hâtez de repartir par le passage secret. Quelle histoire ! Respirez profondément pour vous calmer, et reprenez la carte du village. Mais n'oubliez pas : E.J. infligera 10 Points de Dommage supplémentaires aux Dragons, quand vous les combattrez.

87

Voilà un Fantôme qui est bel et bien mort ! D'ici que cette aventure soit terminée, tout le monde vous appellera Pip le Pourfendeur de Fantômes. Si vous n'êtes pas surnommé, bien entendu, Pip le Pourfendeur de Dragons. Peut-être même secouera-t-on la tête en disant : « Ce pauvre vieux Pip. Il s'est bien défendu, mais les monstres ont fini par en venir à bout. » Mais en voilà assez. Il faut fouiller cette église. Et vous y allez de bon cœur, mais il n'y a pas la moindre pièce de bronze, d'argent ou d'or à trouver, même dans le tronc. Le Fantôme, néanmoins, porte un anneau au doigt, et vous le lui enlevez avec des gestes prudents pour le glisser à votre propre doigt. Il émet un tintement quand vous le manipulez. Un tintement ! Serait-ce un anneau magique ? Vous n'avez aucun moyen de le vérifier. Réjouissez-vous simplement de le posséder et espérez qu'il vous sera utile par la suite. (Cela vaudrait mieux, à vrai dire : car vous ne pouvez plus le retirer de votre doigt.) Continuez votre chemin, Pip ! Continuez ! Retournez à votre carte, et explorez une autre partie du village.

88

Vous avez repéré une porte béante, morbleu ! Vous franchissez la porte, morbleu ! Un effondrement se produit et vous êtes enterré sous les décombres, morbleu ! Rendez-vous au **14**.

89

Rendez-vous directement au **41**.

90

Il était évident que vous alliez prendre ce risque. Le passage tournicote dans tous les sens. Comme il est très étroit et bas de plafond, vous êtes la plupart du temps plié en deux et vos coudes raclent les parois. Vous finissez par atteindre une impasse, où vous butez contre un mur nu. Ce passage ne peut pas se terminer ainsi ! Non, bien sûr, c'est impossible. Vous tâtonnez contre le mur jusqu'à ce que vous trouviez de nouveau un drôle de petit bouton et, quand vous le tournez, le mur tout entier pivote dans un long grincement. (N'est-ce pas excitant ?)
Vous vous apprêtez à avancer quand E.J. chuchote :
— N'entre pas là-dedans ! Vous hésitez.
— Pourquoi pas ? chuchotez-vous à votre tour.

— J'ai vécu plus d'aventures que toi, reprend E.J. sentencieuse. Il se passe toujours quelque chose de désagréable quand on émerge d'un passage secret. Toujours. C'est une sorte de Loi de la Nature, comme la pesanteur ou l'excès inexplicable de pièces détachées quand vous démontez et remontez une pendule. N'entre pas là-dedans, ou tu vas te retrouvez au **14**, c'est tout vu.
— Mais qu'est-ce que je dois faire alors ? demandez-vous.
— Retourne à ta carte et explore une autre partie du village. Une partie moins dangereuse, insiste E.J. d'un ton pressant.

Alors, qu'allez-vous faire ? Retourner à la carte du village ? Si vous décidez de négliger les conseils d'E.J., vous sortez du passage. Rendez-vous au **86**.

91

Quel hideux cadavre va sortir de la tombe béante ? Quel monstre en décomposition ? Quel cruel vampire ? Quelle goule spectrale ?
— Ohé, mon gars... donne-moi un coup de main !
Qui vous interpelle ? Est-ce un cadavre tout récent, ou le Fossoyeur ?
Vous optez pour le Fossoyeur, et comme il semble être la première personne relativement normale que vous rencontriez dans le village de Pierre-qui-Mue (à part, s'entend, qu'il s'extirpe en rampant d'une tombe), vous décidez de lui donner en effet un coup de main. Et le voilà qui apparaît, barbu, corpulent, le teint fleuri, avec une allure de matelot, sans parler du parfum de rhum que dégage son haleine, ce qui expliquerait peut-être comment il en est arrivé à tomber dans une tombe ouverte.

— Grand merci, mon brave petit gars. Un homme dans ma condition a du mal à ressortir d'une tombe. Je me présente Cedric, à ton service. Long John Cedric on m'appelle, parce que j'ai beaucoup navigué. Ancien commandant. Ancien pirate. Maintenant à la retraite, et employé comme fossoyeur.

— Je m'appelle Pip, dites-vous, vous demandant s'il n'est pas fou.

— Entendu parler dans le temps d'un Pip qu'a rectifié le sorcier Ansalom. Ça ne peut pas être toi, des fois ? Et avant que vous n'ayez eu le temps de répondre, il poursuit : Mais non, je me disais bien. Enfin, n'importe, si t'as débarqué par hasard à la Pierre-qui-Mue, tu dois bien te demander ce qui cloche ici. Eh bien, je vais te le dire, moi, puisque tu m'as gentiment aidé à sortir de la tombe. C'est un endroit maudit, oui, mon petit. Le village tout entier, sauf moi. Deux maisons transformées en blocs de pierre. Le banquier du coin a été transformé en Gnome. Le vicaire est un Fantôme maintenant. Tous les chevaux se sont défilés. Tous les habitants, quasiment, ont été changés en Monstres de Pierre, pétrifiés, comme dit l'autre. Et des drôles de zigotos sont venus s'installer dans le coin. Je me serais trouvé dans de sales draps sans le rhum pour me protéger. Un gars bourré de rhum, c'est pas facile à maudire. Du moins, c'est mon idée. Il a le regard vitreux, comme si le seul fait de parler de rhum avait suffi à remettre l'alcool en circulation dans ses veines.

— Qui a maudit le village ? demandez-vous, tout excité. Mais déjà il s'effondre, complètement ivre. En glissant à terre et en rebasculant lentement dans la tombe béante, il marmonne un mot : Dragons...

— Des Dragons ! hurlez-vous. Comment ça, des Dragons ?

Mais pour toute réponse, vous n'entendez plus qu'un ronflement. Mieux vaut retourner à votre carte et explorer plus avant le village ; vous n'obtiendrez rien d'autre ici.

92

Vous franchissez la porte, pour émerger dans le brouillard. Aussitôt, vous faites volte-face, mais bien que vous ayez réagi à la vitesse de l'éclair, il est déjà trop tard. La porte a disparu. Vous tâtonnez sans succès dans le brouillard. Vous tâtonnez pendant très, très longtemps. Rendez-vous au **8**.

93

Et si c'était un Gnome de Zurich ? Vous n'imaginez pas le nombre de fois où il a compté et recompté votre argent avant de le ranger avec soin dans une bourse en cuir fermée d'une serrure. Vous vous rendez compte ! Une bourse avec une serrure !

Mais il semble décidé à vous en donner pour votre argent, ce qui est déjà bien. Il vous explique que vous pouvez en effet trouver le chemin pour arriver à l'Antre du Dragon depuis le village de la Pierre-qui-Mue ; il précise également que ce n'est pas très loin. Il vous suffit de vous rendre à la tour en ruine au **30** et d'y chercher une trappe qui donne accès à un tunnel, conduisant à son tour au sentier qui vous amènera à l'Antre du Dragon. Au comble de l'excitation, vous voulez vous ruer sur-le-champ à la tour en ruine. Mais d'un geste, le Gnome vous arrête.

— Un petit conseil dit-il, et gratuit en plus. Il serait peut-être plus sûr de ne pas vous rendre à l'Antre du Dragon avant d'avoir exploré à fond le village de la Pierre-qui-Mue. C'est un endroit dangereux, je ne le sais que trop, mais quelque part y sont cachés un ou deux objets qui pourraient faire toute la différence entre la vie et la mort quand vous pénétrerez dans l'Antre. *Votre* vie et *votre* mort, s'entend.

— Mais quels sont ces objets et où vais-je les trouver ? vous exclamez-vous. Le Gnome secoue sa tête de gnome.

— Le roi Arthur lui-même ne posséderait pas suffisamment d'or dans le Trésor Royal pour payer ce genre de renseignements. Et après vous avoir salué poliment, il disparaît à l'intérieur de la chaumière, refermant la porte derrière lui.

Lorsque vous tentez de le suivre (ce qui va de soi), vous constatez que la porte, qui semblait en bois, est faite en réalité de quelque métal d'une grande dureté, et que les fenêtres sont garnies de vitres en verre magiquement renforcé et tout à fait incassable. La chaumière est aussi impénétrable qu'une chambre forte. Et comme le Gnome refuse de ressortir, il ne vous reste plus qu'à consulter de nouveau la carte du village de la Pierre-qui-Mue, et à prendre une décision : pousser plus avant votre exploration pour essayer de découvrir les objets dont il vous a parlé, ou bien vous rendre immédiatement à la tour en ruine.

94

Avant que le roi Arthur n'ait chassé les Romains, un dicton courait dans le royaume d'Avalon (qui, à cette époque, ne s'appelait pas, bien entendu, Avalon), qui disait : « Au Vainqueur, les Dépouilles. » (Ad victor spoilarum, ou une autre absurdité de ce genre en latin.) Voilà un dicton qui s'applique parfaitement à vous, maintenant, car vous avez sans aucun doute remporté une victoire en sabrant ces Moines macabres. Alors, ne perdez pas un instant de plus : entrez dans l'abbaye, et fouillez, fouillez, fouillez ! Lancez deux dés pour savoir ce que vous avez découvert. Si toutefois vous avez découvert quelque chose.

Si vous faites :
de 2 à 4 : rendez-vous au **115**.
de 5 à 8 : rendez-vous au **119**.
de 9 à 12 : rendez-vous au **106**.

95

Derrière vous, le désert volcanique. Devant vous, la gueule béante d'une sombre et sinistre caverne. Dans vos narines, l'odeur du Dragon, mêlée à des relents de vapeurs sulfureuses et de méthane. A votre main (si vous avez le moindre bon sens) votre fidèle épée. Dans votre esprit, la liste de vos sortilèges.

Vous touchez au but, Pip. Voilà l'endroit que vous recherchez depuis si longtemps, risquant votre vie pour le trouver. S'il y avait des trompettes ici, elles lanceraient vers les cieux une triomphante fanfare. Mieux vaut, d'ailleurs, qu'il n'en soit rien, car s'il y a vraiment une chose dont vous n'avez pas besoin, c'est d'une ruée sauvage de Dragons, en bronze ou pas, alertés par un brusque appel de trompettes.
Vous avancez à pas précautionneux, tous les sens en alerte, le cœur battant. Des questions déferlent malgré vous dans votre esprit. Le Dragon de Bronze est-il vraiment caché ici ? Merlin en semble persuadé, mais il peut se tromper. Combien d'autres Dragons allez-vous découvrir ? Tout le monde à Avalon sait que cette caverne est habitée par un grand nombre de monstres. Que peut recéler d'autre le labyrinthe de tunnels souterrains, de passages, de grottes et de cavernes où vous vous apprêtez à entrer ? La légende parle de créatures si horribles qu'elles peuvent vivre là sans être molestées par les cracheurs de feu, des créatures si terrifiantes que les Dragons eux-mêmes les laissent en paix.
De quoi glacer le cœur du plus vaillant. C'est pourquoi, Pip, l'intrépidité avec laquelle vous avez avancé d'un pas ferme restera éternellement inscrite à votre actif. Rendez-vous au **108**.

96

Non, bien sûr, ce n'est pas lui ! C'est un personnage dont vous vous souvenez, pour l'avoir rencontré dans le Château des Ténèbres du Sorcier Ansalom. Lors de votre dernière rencontre à la cour du roi Arthur, à Camelot, il arborait sa plus belle tenue et les insignes de son rang. Vous vous rappelez sa détermination lorsque, perdu dans les bois entourant le Château des Ténèbres, il était résolu à régler son compte au Sorcier, si jamais il parvenait à retrouver son chemin. Un homme digne de respect, comme tous les vrais rois. Et moins méchant qu'il pouvait le paraître.

— Roi Pellinore ? demandez-vous. Est-ce bien vous, Votre Majesté ?

— Quoi ? rétorque le personnage en armure noire. Quoi ? Quoi ? Quoi ? Mais, sapristi, je vous connais, non ? Le jeune Pip, l'audacieux aventurier, pas moins ! Je ne me trompe pas, quoi ?

— Oh, intrépide, je ne sais pas trop... répondez-vous modestement.

— Sottises ! On parle encore de votre dernier exploit dans tout le pays. Même les Ecossais sont au courant. Et vous savez comme ils sont longs à comprendre quoi que ce soit. Je ne serais pas surpris que la nouvelle parvienne jusqu'en Hibernia d'ici un an ou deux. Eh bien, Pip, qu'est-ce qui vous amène en ce lieu désolé ?

— Je suis à la recherche de l'Antre du Dragon, lui répondez-vous. J'ai suivi les indications d'une carte que m'a donnée Merlin et elles m'ont conduit ici.

— Je ne me fierais pas trop aux cartes de Merlin, fait remarquer Pellinore. Je me guidais justement sur une des siennes quand je me suis perdu en cherchant le Sorcier Ansalom.

— Vous ne sauriez pas, par hasard, où se trouve l'Antre du Dragon ? lui demandez-vous.
— Je crains que non, mon jeune ami. A dire vrai, j'ai eu tant de mal à dénicher le moyen de sortir d'ici que j'ai réquisitionné cette demeure pour m'y installer pendant que je mettais au point un itinéraire. Mais je suis quand même tombé sur un objet qui pourrait vous être utile. Et, du gantelet de son armure, il retire un rouleau de parchemin. C'est une description de l'Antre lui-même, qui pourrait vous rendre de précieux services. Si jamais vous en trouvez le chemin. Là-dessus, il vous tend le parchemin.
Vous pouvez lire ce qui est écrit sur le parchemin en vous rendant au **101**. Puis, vous reprenez votre carte du village de la Pierre-qui-Mue afin de poursuivre votre exploration.

97

Ça va mieux maintenant, Pip ? Espérons-le. Vous êtes jeune et robuste, doué d'un physique avantageux, mais vous semblez en plus immunisé contre ce genre de poison. Tout de même, veillez donc à ne pas vous bourrer de beignets, sinon vous allez vous empâter. Maintenant, reprenez votre carte et continuez à explorer le village de la Pierre-qui-Mue. Et cette fois, soyez plus prudent.

98

Le passage, une fissure naturelle dans le rocher, selon toute apparence, s'incurve, tourne, s'élargit, se rétrécit de nouveau et vous finissez par perdre tout sens de la direction. (Bien que vous ayez, en gros, la sensation d'aller vers le nord-ouest.) Le passage se resserre à tel point que vous êtes obligé de vous tourner de côté pour avancer. Vous franchissez les derniers mètres en vous aplatissant de votre mieux et vous émergez, tel un bouchon d'une bouteille, dans une autre caverne plus vaste que celle par laquelle vous êtes entré. Dans cette caverne vous remarquez vite un groupe de minuscules créatures humanoïdes à grosses têtes, qui s'avance vers vous. Elles sont armées d'épées, et revêtues d'armures en cuir. Vous êtes tombé, cela ne fait aucun doute pour vous, sur des Trolls des Rochers. Un deuxième passage permet de sortir de cette caverne en direction du nord, et il paraît un peu plus large que celui que vous venez d'emprunter. Mais, comment l'atteindre ?

Votre sortilège INVISIBILITÉ peut opérer ici. Si vous l'utilisez avec succès, il vous sera possible de passer en catimini à côté des Trolls, puis de gagner le passage nord. Rendez-vous au **99**. Mais n'oubliez pas que ce sortilège ne peut être utilisé qu'une seule fois, et que vous risquez d'en avoir besoin par la suite.
Vous pouvez aussi adresser la parole aux Trolls, en espérant les convaincre de vous laisser passer. Rendez-vous, dans ce cas, au **103**.
Vous pouvez également bondir sur eux pour essayer de les mettre en pièces. Il y a six Trolls en tout. Chacun dispose de 10 POINTS DE VIE. Ils n'ont pas l'air de se méfier, vous pouvez donc frapper un premier coup contre l'un d'entre eux. Les autres, néanmoins,

répliqueront à tour de rôle, avant que vous ne puissiez porter un nouveau coup. Ils vous frappent en faisant un 6, et leurs épées pourront vous infliger 2 Points de Dommage supplémentaires. Leurs armures, de qualité médiocre, ne peuvent annuler qu'un seul Point de Dommage. Maintenant, vous pouvez lancer vos dés. Si vous êtes vainqueur, rendez-vous au **99**. Sinon, vous avez droit au **14**.

99

Le passage, qui semble fort fréquenté, débouche quelques deux cents mètres plus loin sur une immense caverne, dont la suffocante puanteur vous prend à la gorge. Votre torche vous révèle bientôt l'origine de cette odeur : au centre de la caverne est amassé un énorme monceau de déjections de Dragons. Vous portez aussitôt la main à la garde de votre épée, mais une brève inspection des lieux vous amène à la conclusion qu'il n'y a, pour le moment, aucun Dragon dans les parages. Posté au centre de la caverne, tout près du tas de fumier, vous constatez qu'il existe trois issues possibles.

Si vous empruntez le passage ouest, rendez-vous au **98**.
Si vous empruntez le passage nord, rendez-vous au **105**.
Le passage est presque totalement obstrué par un énorme bloc de rocher. Si vous désirez partir dans cette direction, lancez deux dés pour savoir si vous êtes suffisamment fort pour déplacer ce rocher. Si vous faites de 2 à 6, il ne bouge pas d'un millimètre. Si vous faites de 7 à 12, vous réussissez, malgré son poids, à le déplacer, et vous pouvez vous faufiler dans le passage. Rendez-vous au **102**.

Si vous le désirez, vous pouvez utiliser ici l'une de vos précieuses Boules de Feu. Si tout se passe bien, elle pulvérisera le rocher, vous permettant ainsi d'emprunter le passage. Rendez-vous au **102**.
Enfin, vous pouvez farfouiller dans le tas de déjections (perspective révoltante !) pour voir s'il ne cache pas quelque chose d'intéressant, avant de quitter la caverne. Rendez-vous dans ce cas au **111**.

100

Vous avez un peu mal au ventre à présent. Et ça ne fait que s'aggraver. Vous n'auriez peut-être pas dû ingurgiter autant de beignets. Ou tous ces gâteaux. A moins que la nourriture ne soit empoisonnée ! Aïe ! Elle *est* empoisonnée, en effet ! Vous sentez le poison se répandre dans vos veines, envahir chaque cellule, chaque fibre de votre corps. Cela n'a rien de drôle. Sortez vite vos dés pour savoir si vous allez être renvoyé au fatidique **14**.

Si vous faites :
de 2 à 6 : rendez-vous au **97**.
de 7 à 12 : rendez-vous au **109**.

101

Proclamation à tous les aventuriers : Moi, Ethelberg, Moine Guerrier et fidèle sujet d'Arturus Rex, fils de Uthur Pendragon et légitime Suzerain du Royaume d'Avalon, atteste par la présente en toute vérité que, moi-même, ledit Ethelberg, par la grâce de Dieu et d'un bras droit robuste, ai atteint cet endroit que les hommes appellent l'Antre du Dragon et me suis aventuré à l'intérieur. Bientôt je devrai m'aventurer de nouveau dans cet endroit terrible, risquant ainsi ma raison et ma vie même ; je

99 *Un énorme rocher bloque votre chemin.*

rédige donc ce message sur ce parchemin au cas où je périrais, afin qu'il puisse aider ceux qui, après moi, pourraient parvenir jusqu'à ce lieu maudit.
Tout d'abord, il faut traverser un désert volcanique, cerné de hautes murailles, si bien que deux itinéraires seulement sont accessibles au voyageur. L'un conduit à l'Antre, l'autre à une mort certaine. Évitez le chemin qui vous paraît le plus évident et vous atteindrez l'Antre.
L'Antre lui-même est facilement reconnaissable à sa taille et à son odeur, un mélange nauséabond de soufre et d'haleine de Dragon. Vous pouvez vous aventurer sans trop de danger dans la première caverne, car le Dragon niche beaucoup plus bas dans le labyrinthe terrifiant, et il n'y a guère ici que les ossements rongés de ceux qui ont péri. Vous découvrirez que plusieurs choix s'offrent à vous pour sortir de la première caverne. Aucun chemin n'est sûr, car tous vous conduiront dans des dédales de boyaux et de tunnels creusés au cours des siècles à travers la roche vive dans les entrailles mêmes de la terre.
On a dit que des créatures étranges, autres que les Dragons, hantaient le labyrinthe et j'ai découvert que c'était vrai. Il est possible que certaines de ces espèces soient débonnaires. Je ne saurais le dire, car toutes celles que j'ai rencontrées étaient redoutables. Il y a ici des êtres dont les hommes ne parlent qu'à mots couverts, des êtres qui, selon les sages et les érudits, relèvent du domaine des mythes. Mais ce ne sont pas des mythes. Je l'affirme solennellement, car je les ai vus de mes propres yeux, je les ai combattus avec mon épée et mes sortilèges de Moine. A ma connaissance, il y a une race de trolls, un clan de nains bossus, une maléfique créature humaine à tête

de taureau, une femme serpent, et un esprit gémissant qui peut ôter la vie à un aventurier rien qu'en le touchant. Je prie le ciel que vous ne rencontriez jamais aucun de ces monstres, car je les ai, moi, rencontrés et seule la grâce de Dieu m'a permis de m'en sortir vivant. Il en existe peut-être d'autres. Je ne le sais pas avec certitude mais je le crains. Peut-être les découvrirai-je quand je m'aventurerai de nouveau dans cet endroit. Ces créatures partagent la tanière du Dragon, évitant les grands cracheurs de feu lorsqu'elles le peuvent. Les Dragons eux-mêmes gîtent aux niveaux inférieurs, mais l'un d'entre eux, ou même plusieurs à la fois, risquent d'emprunter les galeries pour sortir de la caverne. Le danger est minime néanmoins, car lorsqu'ils veulent se nourrir ou s'accoupler, ils prennent en général leur envol, émergeant d'une vaste cheminée naturelle qui s'ouvre tout en haut de la falaise. Mais si vous pouvez éviter les Dragons dans les galeries, vous ne les éviterez pas dans les niveaux inférieurs... Ils y grouillent comme des fourmis, et il en existe beaucoup plus qu'on ne l'a jamais soupçonné à Avalon. Avancez donc avec prudence et circonspection, brave aventurier. Je ne vivrai peut-être pas suffisamment longtemps pour raconter ma propre histoire, mais je prie le ciel pour que vous viviez pour raconter la vôtre. Si vous réussissez, souvenez-vous de moi à mâtines et aux vêpres, en reconnaissance de l'aide que je vous ai apportée par cet écrit. Je signe de mon nom :

ETHELBERG, Moine Guerrier.

102

Le tunnel vous conduit sain et sauf dans une petite grotte, apparemment vide. Vous y remarquez trois issues.

L'une, au sud, menant au **108**.
Une autre, au nord-ouest, menant au **99**.
La troisième, à l'est, menant au **112**.

Du coin de l'œil, vous percevez un bref frémissement ! Vous pivotez sur vous-même, mais il n'y a rien. Un autre frémissement. Vous vous tournez de nouveau. Toujours rien. Quelque chose vous effleure le bras gauche, le glaçant jusqu'aux os. Pendant une fraction de seconde, vous plongez votre regard dans les yeux luisants, évanescents, d'un Esprit. Puis la créature disparaît aussitôt.
Un Esprit ? Ces apparitions sont redoutables. On ne peut les combattre qu'avec des sortilèges. Les armes classiques ne leur infligent aucun dommage. L'Esprit vous attaque, Pip ! Ce simple effleurement vous coûte 10 POINTS DE VIE. (S'il vous a ôté la vie, rendez-vous au **14**.) Il vous faut user de vos sortilèges ! L'Esprit dispose de 25 POINTS DE VIE. Il ripostera avec succès s'il sort 6 ou plus aux dés, vous infligeant 3 Points de Dommage à chaque effleurement.

Si vous tuez l'Esprit, vous pouvez quitter la grotte par l'issue de votre choix.
Si l'Esprit vous tue, rendez-vous au **14**.

103

Lancez deux dés.

Si vous faites :
de 2 à 9 : les Trolls, très agressifs de nature demeurent inaccessibles à tout raisonnement. Retournez au **98** et refaites votre choix.
de 10 à 12 : les Trolls vous laissent passer. Rendez-vous au **99**.

104

On entend des bruissements dans le grain. Des bruissements accentués. Pouah ! ce sont des rats ! Il doit y en avoir des centaines à en juger par le bruit. Mais non, pas du tout ! Il n'y en a qu'un ! De la taille d'un chien-loup ! Il vous fixe un instant de ses yeux roses, luisants, et ses dents sont aiguës comme des poignards. Attention, Pip, il va se jeter sur vous ! Lancez rapidement les dés pour savoir si vous réussirez à le transpercer de votre épée. Le Rat-Loup dispose de 25 POINTS DE VIE et ses morsures infligent 2 Points de Dommage s'il sort un 5 ou davantage.

Si le Rat vous tue, rendez-vous au **14**. Si vous tuez le Rat, reprenez votre carte du village de la Pierre-qui-Mue et explorez un autre endroit. Mais ATTEN-

TION : la morsure du Rat provoque des maladies, et s'il a réussi à gagner un coup contre vous, vous devez impérativement vous soigner avant de quitter le village, sinon vous êtes condamné. Regardez avec soin dans toutes les chaumières. Il y a certainement quelque potion curative rangée quelque part.

105

Vous vous trouvez non loin de l'entrée d'une autre caverne, et vous remarquez sur votre droite, l'entrée d'un nouveau couloir.

Si vous voulez pénétrer dans la caverne, rendez-vous au **114**.
Si vous préférez prendre le couloir de droite, rendez-vous au **120**.

106

Quelle trouvaille ! Quelle trouvaille ! C'est une carte de l'Antre du Dragon ! Du moins, un fragment de carte. Quand vous atteindrez la caverne, si vous l'atteignez jamais, vous pourrez vous reporter à ce document pour trouver votre chemin. Il n'indique pas l'entrée, mais il décrit le labyrinthe et peut, en conséquence, vous sauver la vie. La carte figure sur la page ci-contre. Vous pouvez la consulter à n'importe quel moment après avoir quitté l'abbaye. Reprenez maintenant la carte du village et poursuivez vos explorations.

107

L'intérieur de la crypte est tendu de magnifiques draperies de velours noir et le sol, les murs et le plafond, sont du marbre blanc le plus fin. Au centre, est dressée une petite estrade sur laquelle repose un cer-

Carte partielle de l'Antre du Dragon
Ici
grave danger caché,
alors ne croyez pas
que la place est vide
Ici les eausc sombres
du paragraphe 138

cueil en ébène incrusté de cuivre étincelant. Sur l'estrade, une inscription déclare :

Recru de lassitude
Dans la désespérance
Ici vous êtes parvenu
Dans un ultime effort
Et l'espoir d'y trouver
Un être cher ou bien la mort.

La médiocrité de ce texte vous concerne (mais vous vous rappelez néanmoins que, s'il s'agit vraiment de Nosférax le Poète vous devrez prendre grand soin de vanter sa poésie lorsqu'il se réveillera) et vous montez sur l'estrade. Bien entendu, sur le couvercle du cercueil une plaque de cuivre porte l'inscription suivante :

Pour réveiller Nosférax, prononcez à voix haute la réponse à cette énigme :

QUELLE EST LA DIFFÉRENCE
ENTRE UN CANARD ?

Donnez votre réponse à voix haute maintenant.

Si vous répondez : « C'est une énigme stupide », rendez-vous au **116**.
Si vous répondez : « Je ne sais pas », rendez-vous au **121**.
Si vous répondez : « L'une de ses pattes se ressemble », rendez-vous au **122**.

108

Vous vous trouvez à l'intérieur d'une grotte naturelle, dont le sol est littéralement jonché d'ossements et de crânes. La plupart proviennent d'animaux, certains, d'humains, plusieurs de créatures non identifiables. Rien ne bouge ici. Vous n'avez conscience que du silence. Il y a trois issues dans la paroi nord de cette grotte. Laquelle allez vous choisir ?

L'issue de gauche ? Rendez-vous au **98**.
L'issue de droite ? Rendez-vous au **99**.
L'issue centrale ? Rendez-vous au **102**.

Un dernier avertissement, Pip. Les tunnels sont étroits. En les examinant à la lumière vacillante de votre torche, vous constatez qu'ils tournent et s'infléchissent dans tous les sens. Tout au fond de vous-même, vous savez que vous risquez de faire un choix fatal. Car, dans cette partie de votre aventure, vous ne pourrez revenir en arrière. En avant donc ! Vers la gloire... ou la mort !

109

Vous vous tordez de douleur, Pip, vous avez bel et bien été empoisonné. Rendez-vous au **14**.

110

Crétin ! Vous venez de vous laisser sacrifier par les Moines. Vous voulez tous les détails sanglants ? Peut-être pas. Rendez-vous donc au **14**.

111

Vous avez trouvé un anneau ! Il s'adapte parfaitement au doigt de votre main gauche. Le problème, c'est qu'après l'avoir essayé, vous ne pouvez plus le retirer. Et il tinte légèrement. Un tintement ? A quoi peut bien rimer ce tintement ? Mais peu importe *pour l'instant*. Revenez au **99**, et décidez de la direction à prendre.

112

Le passage s'élargit brusquement et vous vous retrouvez sur la berge rocheuse d'un vaste lac souterrain. Aucun chemin n'apparaît autour de ces eaux sombres, immobiles. Mais, amarré à quelques mètres de vous, flotte un vieux canot à rames disloqué. Si vous avez découvert précédemment au cours de cette aventure que vous saviez nager, peut-être aurez-vous envie de vous baigner dans ce lac. (Si vous ignorez si vous savez nager, ne prenez pas ce risque.)

Si vous voulez nager, rendez-vous au **123**.
Si vous préférez vous hasarder dans le canot, qui fait eau manifestement, rendez-vous au **117**.

113

Après avoir compté votre argent avec le plus grand soin, le Gnome vous annonce qu'il y a deux façons de sortir du village. Deux des chaumières ont des portes de derrière et l'une ou l'autre vous permettra de franchir la palissade.
— Mais quelles chaumières ? demandez-vous.
— Cela vous coûtera 500 Pièces d'Or en plus, répond le Gnome d'un ton méprisant.
— Certainement pas ! vous exclamez-vous en tirant à demi votre épée d'un geste menaçant.

— Non, non bien sûr, acquiesce le Gnome. Je plaisantais. Vous ne comprenez pas la plaisanterie ?
— Les chaumières, questionnez-vous à nouveau d'un air sombre.
— Oui, oui. Les chaumières. **38** et **43**. L'une ou l'autre.
Là-dessus, il redisparaît précipitamment à l'intérieur de sa maison dont il ferme la porte à clé.
Retournez à votre carte du village de la Pierre-qui-Mue et allez où vous voulez.

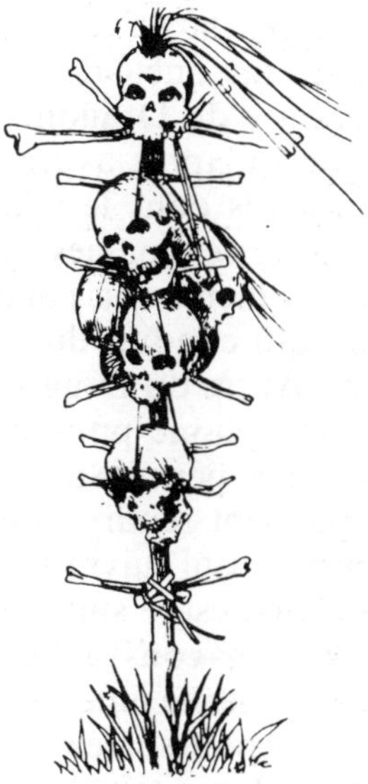

114

Quelle misérable petite caverne ! Basse de plafond, sans issue et absolument envahie de moisissures répugnantes et malodorantes. En ce moment même, cette moisissure est en train de dévorer votre jambe !

Courez, Pip ! Trop tard. Votre jambe vient de se détacher ! La moisissure vous dévore maintenant la tête. Rendez-vous au **14**.

115

Quelle trouvaille ! Quelle trouvaille ! Vous avez découvert un rouleau de parchemin. Et voilà ce qui est écrit dessus :

Que l'on sache que moi, Ethelberg, Moine Guerrier et fidèle sujet de Arturus Rex, fils de Uthur Pendragon et légitime Suzerain du Royaume d'Avalon, suis parvenu jusqu'ici, par la grâce de Dieu et d'un bras droit robuste, dans ma quête de ce lieu que les hommes appellent l'Antre du Dragon.

Et que l'on sache qu'après avoir été pris au piège durant plusieurs mois dans le village maudit de la Pierre-qui-Mue avec ses magies maléfiques et tous les périls qui vous y menacent, j'ai enfin découvert le véritable chemin qui conduit directement d'ici, j'en suis persuadé, à l'Antre du Dragon.

Je prends donc ma plume pour inscrire ces renseignements au cas où je périrais au cours de ma quête, en sorte qu'ils puissent rendre quelque service à tel courageux aventurier qui suivrait mes traces. Le chemin, en termes clairs, est le suivant :

Tout d'abord, rendez-vous à la tour en ruine et cherchez-y avec diligence une entrée. Cette entrée trouvée, avancez et poursuivez vos recherches avec la même diligence. A moitié enfoui sous les gravats se cache une trappe en bois à demi pourrie. Cette trappe une fois ouverte, vous verrez des marches de pierre qui descendent. N'ayez crainte, descendez et suivez le chemin. Bientôt vous émergerez à la lumière du jour et dans un désert de lave durcie, malodorant et cerné de hautes falaises. Voici, je le

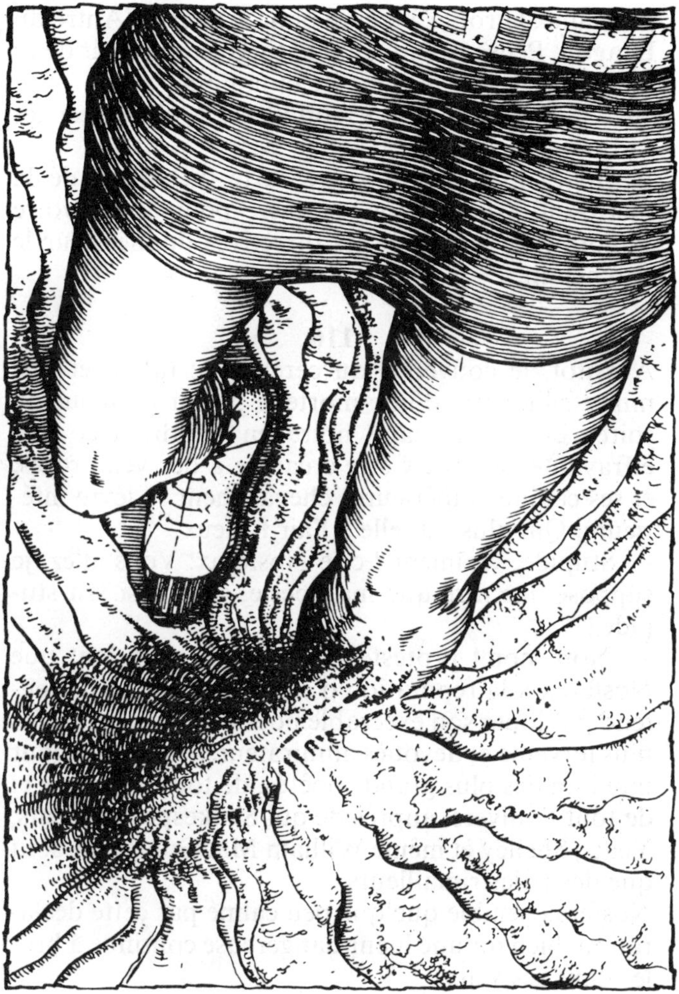

114 *La moisissure dévore votre jambe !*

proclame, la route à suivre pour arriver à l'Antre du Dragon. Pensez à moi aux mâtines en souvenir de ce modeste service. Je signe de mon nom :

ETHELBERG, Moine Guerrier

Reprenez maintenant votre carte du village de la Pierre-qui-Mue. Vous pouvez poursuivre votre exploration, ou suivre les directives données sur le parchemin.

116

Aussitôt, le couvercle du cercueil se rabat, et une mince silhouette d'une mortelle pâleur en tenue de soirée et longue cape noire en bondit avec une effrayante célérité. Cette créature a des yeux roses, et ses canines supérieures chevauchent sa lèvre inférieure. Qui plus est, elle a l'air furieux.

— Stupide, vraiment ? crie Nosférax. Vous allez, je suppose, me dire que ma poésie, elle aussi, est stupide !

— Non, non ! protestez-vous, vous rappelant que Nosférax a la réputation d'être redoutable s'il n'entend pas louer son exécrable poésie. Je suis un de vos plus fervents et dévoués admirateurs. Vous êtes pour moi l'un des plus grands poètes, de tous les temps et de tout l'univers, auprès de qui Shakespeare, Keats, Yeats, Shelley et même William MacGonigle ne sont que des pâles rimailleurs.

Nosférax semble quelque peu calmé par cette déclaration, bien qu'une lueur dangereuse continue à briller dans ses yeux.

— Très bien, dit-il. Je vous pardonne, mais à une seule condition...

— N'importe laquelle, Nosférax le Poète ! vous exclamez-vous avec courage, prêt à affronter n'im-

Lorsque vous aurez terminé, rendez-vous au **127**.

porte quel péril pour vous attirer les bonnes grâces de cette créature étrange (mais absolument magique).
— Vous devez faire mon portrait, déclare Nosférax d'un petit air prétentieux. Prenez ceci... et il vous tend une feuille de parchemin vierge.
Vous feriez bien d'attaquer ce portrait, Pip. Usez de votre imagination pour créer un personnage digne d'être accroché au Musée de Londres. Ou dans un cimetière.

117

Vous montez à bord du canot, vous repêchez les rames dans l'eau croupie, au fond de la coque, vous les glissez dans les tolets, et vous vous écartez du rivage. L'eau sombre absorbe la lumière de la torche que vous avez fixée à l'avant de votre embarcation, et vous avez l'impression de ramer dans une nuit éternelle. L'eau qui s'infiltre dans le bateau par de multiples fissures clapote déjà autour de vos chevilles, alors que vous pesez sur les avirons pour essayer de gagner l'autre rive avant que cette vieille coque de noix ne coule à pic. Lancez deux dés pour savoir si vous traverserez le lac sain et sauf.

Si vous faites :
de 2 à 4 : rendez-vous au **124**.
de 5 à 12 : rendez-vous au **132**.

118

Vous fouillez précipitamment dans vos affaires à la recherche d'un gantelet mais, n'en trouvant pas, vous vous emparez de celui en métal que vous voyez posé sur la table. D'un geste prompt, vous jetez le

118 *Le redoutable Chevalier Noir d'Avalon.*

gantelet au visage du Chevalier Noir (heureusement protégé par une visière) pour le provoquer en combat singulier.

— Hé, du calme ! s'exclame le Chevalier Noir. Qu'est-ce qui vous prend ?
— Je vous provoque en combat singulier, répliquez-vous, brûlant de dégainer votre épée.
— Pourquoi cette idée saugrenue ?
— Parce que, répondez-vous, vous êtes le redoutable Chevalier Noir que chacun désigne à voix basse comme le plus infâme de tous les chevaliers du Royaume. Je veux débarrasser Avalon de votre présence nauséabonde.
— Ne soyez pas ridicule, réplique le Chevalier Noir. Je suis le roi Pellinore.

Là-dessus, il enlève son heaume, apportant la preuve de ce qu'il avance. Quelle gaffe ! Quelle bourde ! Le roi Pellinore est l'un des plus fidèles amis du roi Arthur. Si vous n'aviez pas manifesté une telle précipitation, il aurait pu vous aider, peut-être. Compte tenu de la situation, vous ne pouvez que vous incliner bien bas, faire des courbettes, ramper, vous répandre en excuses, et sortir à reculons de la chaumière. Honteux, vous reprenez alors votre carte du village pour aller en explorer une autre partie.

119

Rien. Vous ne trouvez strictement rien. Au diable les stupides dictons romains sur les vainqueurs et les dépouilles. *Nihil ad victor*, comme disaient les Romains les plus sensés : du vent pour le Vainqueur ! En maugréant, vous consultez une fois de plus la carte du village pour décider où vous allez maintenant porter vos pas.

120

Le passage est orienté plein est pendant un certain temps, puis il s'incurve, d'abord vers le nord-est et ensuite, presque à angle droit, vers le nord. Vous percevez une étrange odeur, qui évoque un peu celle de l'étable chez vos parents adoptifs mais plus pénétrante, où flotte, si l'on peut dire, comme une menace. Vous poursuivez néanmoins votre chemin. Pip n'est pas un aventurier pour rien !

Pendant que des idées fantasques vous traversent l'esprit, vous atteignez l'extrémité du passage et vous pénétrez dans une autre caverne. Vous remarquez une issue dans la paroi nord, et une autre à l'est. Trois grands coffres cerclés de cuivre, et une petite cassette assortie, sont posés sur le sol, à environ cinq mètres devant vous. Cet endroit serait intéressant et amusant à explorer à loisir, si ce n'était un petit détail. Entre vous et les coffres (sans parler des issues) se dresse un personnage de deux mètres de haut, bardé de muscles, et qui tient une épée nue. Mais ce n'est pas l'épée que vous regardez pour le moment, si menaçante soit-elle : vous fixez la tête du personnage qui est celle d'un taureau... Vous êtes entré dans la grotte du *Minotaure !*

— Halte ! mugit le Minotaure, grattant le sol de son pied droit *Personne ne passe par ici* !

— Ne criez pas si fort, monstre stupide ! retorquez-vous, plus téméraire peut-être que vous ne l'êtes en réalité. Je n'ai nulle intention de m'en prendre à vous. J'essaye simplement de trouver le Dragon de Bronze.

— Toi ? ricane le Minotaure. Un brimborion de ton espèce, à la recherche du Dragon de Bronze ?

— Je ne suis pas un brimborion, répondez-vous avec dignité. Je m'appelle Pip. Peut-être avez-vous entendu parler de moi ?

120 *Vous fixez la tête du personnage qui est celle d'un taureau...*

Le Minotaure secoue son énorme tête en soufflant par les naseaux.
— Ma foi, non.
— Alors, reprenez-vous, peut-être avez-vous entendu parler de l'homme qui m'a envoyé, Merlin, le plus grand magicien d'Avalon.
— Merlin ? Je l'aurais cru mort de vieillesse.
— Tout ce qu'il y a de vivant, répondez-vous vivement, partant du principe que de bonnes paroles valent mieux que la bagarre, surtout quand on doit affronter un être aussi coriace que le Minotaure.
— Et tu le connais ? Personnellement ?
— Bien sûr !

Le Minotaure cesse de gratter le sol du pied.

— Tu crois que tu pourrais le persuader de s'occuper de ma tête ?
— Qu'est-ce qu'elle a, votre tête ? demandez-vous, pensant que le monstre est peut-être affligé de migraines.
— C'est une tête de taureau, répond le Minotaure. Tu ne l'avais pas remarqué ?
— Eh bien... si, avouez-vous.

Le Minotaure s'assied sur un des coffres et il appuie son épée contre son genou. Tristement il laisse pendre son énorme tête de taureau.

— Comme la plupart des gens, fait-il remarquer. Il relève la tête. Tu ne t'imagines tout de même pas que je suis né comme ça ? Et avant que vous ayez pu répondre, il continue. Non, bien sûr. J'étais un enfant parfaitement normal, un bel enfant, comme toi. Je vivais à Athènes, un petit village grec dont tu n'as peut-être pas entendu parler. Ma tête est devenue comme ça parce que je mangeais trop de hamburgers, je crois. Je ne suis pas vraiment sûr, mais c'est la seule raison que je puisse trouver. Tous mes amis se sont détournés de moi, et si le Roi de Crète a eu la gentillesse de m'employer un certain temps comme gardien de son labyrinthe, le salaire était ridicule, alors j'ai fini par démissionner pour venir me cacher ici. Penses-tu que Merlin pourrait me guérir ?

— J'en suis persuadé, répondez-vous. Il est très doué pour changer la forme des choses.

— Si tu pouvais obtenir de lui qu'il s'occupe de moi, dit le Minotaure, je t'en serais éternellement reconnaissant.

— Me laisseriez-vous passer à travers votre grotte sans me faire de mal ? demandez-vous d'un ton circonspect.

— Impossible. Toute personne qui entre ici doit se battre contre moi, c'est la tradition. Mais nous pouvons nous livrer à un simulacre de combat, sans armes. Le premier qui prend 10 POINTS DE VIE à l'autre sera le vainqueur. Si tu gagnes, tu pourras traverser ; je te laisserai même chercher dans ces coffres un objet utile. Si tu perds, tu devras retourner tout droit auprès de Merlin et t'arranger pour qu'il s'occupe de ma tête. Es-tu d'accord ?

— Tout à fait d'accord ! dites-vous, avec un certain soulagement. Alors, on se bat maintenant ?

— Allons-y ! répond le Minotaure tout excité, en se levant d'un bond.

Lancez deux dés pour connaître l'issue du combat. Le Minotaure a besoin d'un 6 pour frapper, exactement comme vous puisqu'il s'agit d'un combat à mains nues. Le premier coup de dés désigne celui qui frappera le premier. Si vous êtes vainqueur, rendez-vous au **126**. Sinon, rendez-vous au **133**.

121

Aussitôt le couvercle du cercueil se rabat et une mince silhouette d'une mortelle pâleur en tenue de soirée et longue cape noire en bondit avec une effrayante célérité. Cette créature a des yeux roses et ses canines supérieures chevauchent sa lèvre inférieure. Qui plus est, elle a l'air furieux.

— Vous ne savez pas ? hurle Nosférax. En voilà une réponse ! Tout le monde sait que l'une de ses pattes se ressemble !

Là-dessus, il referme violemment le couvercle de son cercueil et vous ne réussirez jamais à le persuader de sortir de nouveau.

Reprenez la carte du village de la Pierre-qui-Mue et poursuivez votre exploration.

122

Aussitôt le couvercle du cercueil se rabat et une mince silhouette d'une mortelle pâleur en tenue de soirée et longue cape noire en bondit avec une effrayante célérité. Cette créature a des yeux roses et ses canines supérieures chevauchent sa lèvre inférieure, même lorsqu'elle sourit, ce qui est le cas en ce moment.

— Bien joué, mon cher et courageux visiteur ! Bien joué ! Je n'aurais pas mieux résolu moi-même cette énigme. Si ce n'est en vers, bien entendu. Quelque chose dans le genre :

Telle était la question du Sphinx :
Quelle est la différence entre un canard ?
Enigme, semble-t-il, sans fard.
Favori de la chance
Les yeux plantés dans ceux du Sphinx,
Je lui déclare plein d'assurance :
L'une de ses pattes se ressemble.

— Voilà, dit Nosférax, les yeux brillants. Qu'est-ce que vous pensez de ça comme réponse poétique ?
— Superbe ! répondez-vous, vous rappelant que Nosférax aime entendre vanter ses vers. Les allusions mythologiques me semblent tout à fait appropriées.
— Oui, dit Nosférax, visiblement ravi. C'est aussi mon avis. Maintenant, comme vous êtes de toute évidence un jeune homme plein de goût et de discernement, permettez-moi de vous récompenser de votre intelligence.
Là-dessus, il sort de la poche de son frac une petite tabatière en argent.
— Vous prisez ? demande-t-il. Vous secouez la tête. Tant mieux, approuve Nosférax. Une manie répugnante et très mauvaise pour la santé. Vous pouvez néanmoins faire exception avec ce mélange. Ce n'est pas du tabac, en fait, mais de l'armoise pilée, et bénie par un vicaire de confession anglicane. Elle est douée de propriétés curatives exceptionnelles. Prisez une pincée lorsque vous vous sentez affaibli et lancez les deux dés deux fois. Le total obtenu indique le

nombre de POINTS DE VIE qui vous sont restitués. Mais contentez-vous d'une seule prise au cours d'un paragraphe, sinon vous serez expédié directement au **14**. Compris ? Très bien. Maintenant en route, audacieux aventurier, car il fait froid et je dois retourner dans mon cercueil avant d'attraper un rhume et de me mettre à éternuer.

Et il referme son couvercle d'un coup sec vous laissant la tabatière pleine de mélange curatif entre les mains.

Reprenez la carte du village de la Pierre-qui-Mue et poursuivez votre exploration. Et ne perdez pas cette tabatière.

123

Vous vous déshabillez avec soin, et vous faites un paquet de vos vêtements, avant de plonger dans les eaux glacées du lac souterrain pour vous retrouver dans la gueule d'un énorme Poisson qui rôdait dans les profondeurs !

La situation est délicate. Cette brave E.J. est ficelée dans le paquet, et il vous faut essayer d'étrangler ce Poisson de vos mains nues. Ou de l'assommer, ou d'en venir à bout d'une façon quelconque. Il ne possède que 10 POINTS DE VIE et la tâche ne devrait pas être trop difficile ; mais le problème, c'est que vous êtes *au fond de l'eau,* autrement dit, il va falloir vous débarrasser du Poisson en trois coups, sinon vous allez vous noyer. Pendant ce temps-là, le Poisson s'acharnera à vous mordre, ce qui n'est guère bénéfique pour vos POINTS DE VIE.

Si vous réussissez à assommer ou à tuer le Poisson en trois coups, rendez-vous au **124**. Sinon, il y a toujours le **14**.

124

Vous avez des bras robustes, Pip. Ou peut-être une chance inouïe. De toute façon, vous avez réussi ! Les chaussures gorgées d'eau, vous traversez la caverne jusqu'à l'entrée d'un passage qui vous permet d'en sortir en direction de l'est. Vous pénétrez dans ce passage. Rendez-vous au **130**.

125

Rendez-vous au **10**.

126

— Eh bien voyons, dit le Minotaure un peu essoufflé après le combat, maintenant que nous voilà débarrassés de cette formalité, tu ferais bien de farfouiller dans mes coffres. Cela fait également partie de la tradition, tu sais. Au Vainqueur les Dépouilles, comme me disait souvent le jeune Jules César, avant que ma tête n'ait pris son aspect actuel. Nous avons alors cessé de nous parler. Mais que je te prévienne : tu ne peux ouvrir que deux coffres. Dès que tu l'auras fait, les deux autres disparaîtront. Un petit tour de magie que j'ai acheté pour protéger mes biens. J'espère que tu apprécieras. L'ennui, c'est que je ne sais pas comment annuler cette satanée magie, et que je deviens à moitié fou lorsque je dois chercher quelque chose dans ces maudits coffres, qui disparaissent et réapparaissent à tout moment. Enfin voyons : nous avons trois coffres, et une cassette, et tu peux ouvrir deux d'entre eux. Alors, fais ton choix.

Vous examinez les coffres l'un après l'autre. Tous trois semblent identiques. Quant à la cassette, bien que plus petite, elle en est la réplique exacte.

— Vous ne pourriez pas me dire simplement ce

qu'ils contiennent ? demandez-vous au Minotaure. Mais il secoue sa grosse tête de taureau.
— La tradition, vois-tu... explique-t-il avec tristesse.
Comme rien ne distingue un coffre de l'autre, vous leur donnez les numéros 1, 2 et 3. Bonne chance !

Si vous ouvrez les coffres 1 et 3, rendez-vous au **135**.
Si vous ouvrez les coffres 1 et 2, rendez-vous au **140**.
Si vous ouvrez les coffres 2 et 3, rendez-vous au **146**.
Si vous ouvrez le coffre 1 et la cassette, rendez-vous au **143**.
Si vous ouvrez le coffre 2 et la cassette, rendez-vous au **150**.
Si vous ouvrez le coffre 3 et la cassette, rendez-vous au **129**.

127

— Quel beau travail ! s'exclame Nosférax le Poète. Quel remarquable effort ! Presque digne, à certains égards, de mes premières œuvres, si prometteuses. Cela me rappelle en un sens T.S. Eliot dans sa

Période Bleue, ou était-ce Picasso ? Peu importe. C'est un effort admirable et qui mérite une récompense, bien que vous n'ayez pas élucidé l'énigme. Et, plongeant une main dans une poche de sa cape d'opéra, il en sort une sorte de bonbon au bout d'un batonnet.

— Voici une sucette.

— Une sucette ? demandez-vous, surpris et peut-être même un peu déçu, à dire vrai.

— Une sucette magique, précise Nosférax, découvrant ses crocs brillants en un large sourire. Sucez-la et vous verrez, mais pas tout de suite. Pour ne pas la gaspiller. Vous ne pouvez la lécher que trois fois avant qu'elle ne disparaisse. Mais chaque fois que vous la lécherez au cours d'un combat ou d'un affrontement quelconque, tous les POINTS DE VIE que vous auriez pu perdre vous seront rendus, jusqu'à concurrence de votre *total de départ*, tandis que le même nombre de POINTS DE VIE sera déduit de ceux de votre adversaire. Un peu difficile à calculer, mais extrêmement utile, si jamais vous êtes en mauvaise posture... Et maintenant (il entreprend de retourner dans son cercueil) il me faut malheureusement vous quitter, si plaisante qu'ait été cette conversation. Et, là-dessus, il rabat le couvercle. Vous frappez dessus un petit coup discret, mais vous n'obtenez qu'une réponse assourdie :

Adieu, mon jeune ami
Espérons que n'est pas finie
La Quête que tu entrepris
Car toi, mon hôte,
En dépit du courroux des autres,
Tu mérites cent fois d'accéder
A l'Antre du Dragon.

Reprenez la carte du village de la Pierre-qui-Mue, et explorez une autre partie.

128

Le cœur léger, vous avancez gaiement le long du passage jusqu'au moment où vous tombez dans une fosse.

Lancez deux dés pour déterminer le dommage provoqué par cette chute. Soustrayez le résultat des POINTS DE VIE dont vous disposez. Si cela vous tue, rendez-vous au **14**. Si vous avez une corde et des crampons dans votre équipement, vous pouvez les utiliser pour ressortir de la fosse. Sinon, vous y resterez à jamais. A jamais ? Non ! Rendez-vous au **14.** Si vous sortez de la fosse, vous poursuivez votre chemin. Le passage dans lequel vous vous trouvez conduit au **120** dans un sens, et au **130** dans l'autre.

129

Comme c'est intéressant. La cassette contient une grande clef. Le coffre, en revanche, ne contient qu'un parchemin. Sur ce parchemin est inscrit :

NPJ, FUIFMCFSU, NPJOF FU, N'FUBON MJF E'BNJUJF BWFD MF NPOTUSF B UFUF EF UBVSFBV BGGJSNF RVF TFVMF MB DMFG DPOUFOVF EBOT MF DPGGSFU QFVU QFSNFUUSF M'BDDFT B M'BOUSF EFT DSBDIFVST EF GFV.

Ce qui n'éclaire guère votre lanterne, à moins que vous ne réussissiez à déchiffrer le code.
Comme l'avait prédit le Minotaure, les autres coffres ont disparu. Les passages partant de la grotte du Minotaure conduisent au **114**, au **128** et au **137**. Faites votre choix !

130

Ouaoh ! Ce doit être votre jour de chance, Pip. Le passage vient de déboucher dans une grotte, et votre torche illumine le plus fabuleux amas de joyaux, d'argent, d'or, de vermeil, de jade, d'ivoire, d'objets d'art, que vous ayez jamais vu. Il y a là la rançon d'un roi, un trésor qui dépasse les rêves les plus fous de l'avare le plus sordide. Comparée à cette caverne, la fameuse salle du trésor du Sorcier Ansalom ressemble à la guérite du caissier d'un cirque de troisième ordre. Il doit y avoir des millions ici, peut-être des milliards. Diamants, rubis, saphirs, émeraudes, zircons, perles... par centaines, par milliers, amassés là en un énorme tas, attendant qu'on les enfourne dans un sac à dos ! Ce doit être le légendaire Trésor du Dragon, les rançons extorquées contre la libération de jeunes filles enlevées, les trésors arrachés aux monastères ou aux châteaux mis au pillage, tout le butin rassemblé pendant des siècles par des générations de Dragons déchaînés. Tout est là, attendant simplement la venue d'un courageux aventurier tel que vous. Voilà qui pourrait changer radicalement votre façon de vivre, Pip. Avec ça, vous pourriez vous offrir un château... des douzaines de châteaux... Vous pourriez... Mais vous savez parfaitement ce que vous pourriez vous offrir. Pour mettre la main sur ce trésor, ou du moins tout ce que vous pouvez porter, ce qui est déjà énorme, il vous suffit de persuader la dame à l'étrange chevelure de vous laisser vous servir. La dame à l'étrange chevelure ? Mais ce n'est pas des cheveux qu'elle a sur la tête, mais des serpents ! Serait-ce la Méduse, cette créature mythique dont un seul regard vous transforme en pierre ? A ce propos, d'ailleurs, plusieurs statutes d'un grand réalisme sont disséminées

130 *Vous allez devoir combattre la Méduse !*

çà et là autour du trésor. Mais pensez à tout ce butin, Pip. Pensez à tout ce qu'il vous permettrait d'obtenir.

Pour emporter une partie de ce trésor, vous allez devoir combattre la Méduse. Si vous optez pour cette solution, rendez-vous au **136**.

Si vous estimez que la discrétion est l'essence même du courage (et qui a besoin d'un pareil butin, de toute façon ?), vous pouvez utiliser votre sortilège INVISIBILITÉ pour sortir de cette grotte sans être vu.

Si vous ne voulez pas utiliser ici votre sortilège, vous pouvez essayer de vous défiler sur la pointe des pieds. Pour savoir si vous avez réussi, lancez deux dés. Si vous faites de 2 à 6, vous êtes sorti sans avoir été repéré. Si vous faites de 7 à 12, la Méduse jette un bref regard dans votre direction. Sans mot dire, vous vous rendez au **14**.

Les galeries permettant de sortir de cette caverne mènent au **138**, et au **128**.

131

Chacun de ces affreux Nains possède 10 POINTS DE VIE. Ils se déplacent avec une telle lenteur, que vous pouvez avoir, à coup sûr, l'initiative de l'attaque. Lancez deux dés pour savoir combien de Nains vous pourrez frapper avant qu'ils ne ripostent. (Si vous faites un double 6, cela signifie que vous pouvez tous les frapper.) Lorsque vous aurez porté votre premier coup, les Nains répliqueront à tour de rôle. Ils ne sont guère doués pour le combat, et il leur faut au minimum un 8 pour vous atteindre. En revanche, ils sont armés de redoutables épées qui infligent 3 Points de Dommage supplémentaires.

Si les Nains vous font passer de vie à trépas, on vous attend au **14**.
Si vous réussissez à vous débarasser de dix d'entre eux, les deux autres s'enfuiront en direction de la grotte du Minotaure, vous laissant libre d'agir à votre guise dans cette caverne. Rendez-vous alors au **134**.

132

Glou... Glou... Glou... Glou... C'est vous qui faites ces bruits. En vous noyant. Vous voulez les entendre à nouveau ?
Glou... Glou... Glou... Glou...
Si vous vous noyez, c'est parce que le canot vient de couler. Que pouvez-vous faire, maintenant ?

Votre sortilège AEP (si vous l'avez toujours, et si vous savez vous en servir) fera naître autour de vous une bulle suffisamment remplie d'air pour vous permettre de survivre assez longtemps pour gagner la rive. Rendez-vous au **124**.
Par ailleurs, vous avez une vague chance d'apprendre à nager en un temps record (certains apprennent vite, lorsque la nécessité les y contraint). Lancez les dés exactement de la même façon que vous les avez lancés pour acquérir votre *total de départ de* POINTS DE VIE. Si le nombre que vous obtenez est supérieur à votre *total de départ* actuel, vous pouvez, d'une part le considérer dorénavant comme votre *total de départ* de POINTS DE VIE et, d'autre part, vous pouvez ajouter la natation sur la liste de vos multiples talents car, miracle, vous nagez comme un poisson.

Enfin, vous pouvez faire appel à la chance : lancez deux dés. Si vous faites 11 ou 12, vous réussissez à gagner la rive en pataugeant tant bien que mal (vous pouvez utiliser une Pierre de Chance, si vous en possédez une).
Si vous avez réussi à survivre à ce désastre par l'une ou l'autre de ces trois possibilités, rendez-vous au **124**. Sinon, le **14**, bien sûr.

133

Eh bien, au moins, vous n'êtes pas mort. Un peu estourbi peut-être, mais pas mort. Le seul problème, maintenant, c'est qu'il va falloir demander à Merlin de s'occuper de cette énorme et stupide tête du Minotaure.
— N'oublie pas ta promesse, dit le Minotaure, comme s'il lisait dans vos pensées.
Et la seule façon pour vous de voir Merlin au cours de cette aventure, c'est de vous faire tuer. Ce qui est quand même paradoxal, Pip.
— Et si... suggérez-vous d'une voix hésitante, si je vous promettais de parler à Merlin de votre petit problème la prochaine fois que je le verrai ? Je n'ai guère envie de refaire maintenant tout le voyage en sens inverse, parce que j'ai un Dragon à combattre, si je peux le trouver.
— Quand espères-tu le voir ? demande le Minotaure, soupçonneux.
— La prochaine fois que je serai tué, répondez-vous en toute honnêteté.
— Cela ne devrait pas prendre bien longtemps dans un endroit pareil, fait remarquer le Minotaure. Je suis un monstre compréhensif. J'attendrai.
— Je vous remercie, Noble Minotaure, répondez-vous poliment.

— Et, ajoute le Minotaure dans un brusque élan de générosité, quand tu l'auras vu, tu pourras prendre le contenu de ma cassette. Et d'un geste impulsif, il vous place de force la cassette entre les mains.

La cassette refusera de s'ouvrir, malgré tous vos efforts, avant que vous ne vous soyez une fois de plus rendu au **14** et que vous ayez vu Merlin. Mais lorsque vous aurez tenu votre promesse (et pas avant) vous pourrez vous rendre au **143** (notez le numéro) pour savoir ce que contient la cassette, avant de rejoindre le paragraphe auquel vous aurez rendez-vous. Vous avez bien compris ? Parfait.

Trois passages peuvent vous permettre de quitter la grotte du Minotaure. Ils conduisent au **114**, au **128** et au **137**. Faites votre choix.

134

Enjambant avec soin les cadavres des Nains, vous arrivez devant le panneau de contrôle sur le mur nord. Une plaque de métal bleu est encastrée dans le sol en métal luisant sous vos pieds. Vous la tâtez avec précaution, mais il semble qu'on puisse se tenir dessus sans danger. Devant vous se trouvent trois grands leviers, surmontés d'une notice en rouge dont les termes sont les suivants :

GLISSEZ LA CLEF DANS LA FENTE
AVANT D'ACTIONNER LES LEVIERS

A côté de la notice, vous distinguez une fente assez large pour qu'on puisse y loger une grande clef. Les leviers sont numérotés 1, 2 et 3. Vous constatez que chacun d'entre eux peut être poussé vers le haut ou rabattu vers le bas. Réfléchissez bien avant de décider ce que vous allez faire avec ces leviers car, de toute évidence, ils vont déterminer le cours futur de votre aventure. Divers choix s'offrent à vous :

Si vous avez une clef à glisser dans la fente, voilà les résultats que vous pouvez obtenir :
Poussez les trois leviers vers le haut et rendez-vous au **139**.
Rabattez les trois leviers vers le bas et rendez-vous au **141**.
Poussez un levier vers le haut et deux vers le bas et rendez-vous au **144**.
Poussez deux leviers vers le haut et un vers le bas et rendez-vous au **147**.

Si vous ne possédez pas de clef à glisser dans la fente, voici les résultats que vous pouvez obtenir :
Poussez les trois leviers vers le haut et rendez-vous au **142**.
Rabattez tous les leviers vers le bas et rendez-vous au **145**.
Poussez un levier vers le haut et deux vers le bas et rendez-vous au **148**.
Poussez deux leviers vers le haut et un vers le bas et rendez-vous au **149**.

135

Le coffre n° 3 contient un rouleau sur lequel est écrit :

NPJ, FUIFMCFSU, NPJOF FU, N'FUBON MJF E'BNJUJF BWFD MF NPOTUSF B UFUF EF UBVSFBV BGGJSNF RVF TFVMF MB DMFG DPOUFOVF EBOT MF DPGGSFU QFVU QFSNFUUSF M'BDDFT B M'BOUSF EFT DSBDIFVST EF GFV.

Ce qui n'éclaire guère votre lanterne, à moins que vous ne parveniez à déchiffrer le code. Peut-être trouverez-vous quelque chose pour vous aider dans le coffre N° 1. Vous l'ouvrez d'un geste rapide et vous êtes aussitôt mordu par un gros Serpent. Lancez deux dés pour savoir si le poison est mortel.
Si vous faites de 2 à 4, le poison se répand dans vos veines comme un acide. Tordez-vous de douleur durant un instant, puis rendez-vous calmement au **14**.
Si vous faites de 5 à 12, vous jouissez d'une immunité naturelle. Rejetez ce Serpent imbécile dans son coffre et essayez de décoder le message.
Comme le Minotaure l'avait prédit, les autres coffres ont disparu. Les passages depuis la grotte du Minotaure conduisent au **114**, au **128** et au **137**. Faites votre choix !

136

Quelle courageuse décision ! Un peu intéressée, peut-être, mais courageuse.
Maintenant, passons aux mauvaises nouvelles. La Méduse dispose de 100 POINTS DE VIE. Elle peut vous transformer en pierre chaque fois qu'elle frappe deux coups d'affilée contre vous. Il lui faut faire au minimum 8 pour frapper un coup. Si vous décidez d'utiliser votre sortilège INVISIBILITÉ durant ce combat, elle peut quand même vous vaincre, mais il lui faudra frapper *Trois* coups d'affilée contre vous. Bonne chance !

Si la Méduse vous tue, rendez-vous au **14**.
Si vous tuez la Méduse, vous constaterez que vous pouvez facilement porter un trésor qui vaut 200 000 Pièces d'Or.

Deux passages permettent de sortir de cette grotte. Ils conduisent au **138** et au **128**. Choisissez bien !

137

La caverne dans laquelle vous venez de pénétrer est complètement tapissée de métal ! Sol, murs et plafond ! Et le mur nord tout entier est occupé par des rangées et des rangées d'énormes machines. Elles ne peuvent en aucun cas être l'œuvre de Dragons ! Ou de qui que ce soit d'autre ayant vécu du temps du roi Arthur. Si vous n'étiez pas un personnage du vingtième siècle occupant un autre corps, vous seriez peut-être tenté de penser qu'il s'agit là de magie. Mais vous venez précisément du vingtième siècle, et vous savez très bien que vous avez devant vous une sorte de machine géante. Mais qui l'a fabriquée ? Comment est-elle arrivée ici ? Et à quoi sert-elle ? Quel mystère ! Quelle énigme ! Quelle glorieuse occasion de fouiner par-ci par-là et de vous attirer ainsi les pires ennuis !

Vous seriez sans doute fort tenté de vous diriger tout droit vers ce panneau de contrôle du mur nord, si vous n'étiez pas retenu par un petit détail. Douze Nains bossus (pas moins) à la mine menaçante s'affairent autour de toute cette machinerie. Douze ! Un aventurier, même de votre réputation et de votre expérience, peut-il les combattre tous ? Vous seul le savez.

Vous pouvez utiliser votre sortilège INVISIBILITÉ pour filer sain et sauf. Mais cela implique que vous repartiez par où vous êtes venu, puisque cet endroit ne comporte aucune autre sortie.

Vous pouvez essayer de vous esquiver discrètement sur la pointe des pieds. Si c'est le cas, lancez deux

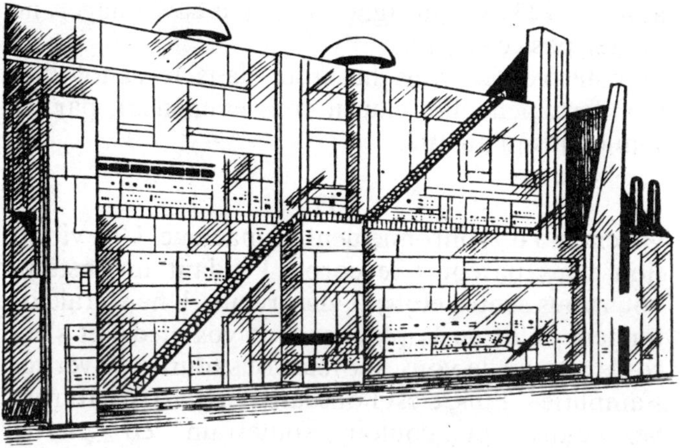

dés. Si vous faites de 2 à 8, vous vous éclipsez sans que les Nains aient remarqué votre présence. Si vous faites de 9 à 12, ils vous ont repéré et se jettent sur vous en poussant des cris terrifiants, auquel cas le combat est inéluctable. Rendez-vous au **131**.
Vous pouvez vous ruer sur les Nains en espérant les mettre en pièces. Dans ce cas, rendez-vous au **131**.

138

Le passage s'élargit brusquement et vous vous retrouvez sur la berge rocheuse d'un vaste lac souterrain. Aucun chemin n'apparaît autour de ces eaux sombres, immobiles. Mais, amarré à quelques mètres de vous, flotte un vieux canot à rames disloqué.

Si vous avez découvert précédemment au cours de cette aventure que vous savez nager, peut-être aurez-vous envie de vous baigner dans ce lac. Rendez-vous

alors au **123**. Si vous ignorez si vous savez nager, ne prenez pas ce risque.
Si vous voulez vous hasarder dans le canot qui, manifestement, fait eau, il vous emmènera, par un tunnel, jusqu'au **102**.

139

On entend un ronronnement de machine. Une vibration vous parcourt le corps. Pendant un instant, vous vous sentez étourdi, désorienté. Une spirale de lumière jaillit de la plaque, sous vos pieds, et s'enroule autour de vous. La tête vous tourne, le vertige s'amplifie... Puis, c'est l'obscurité. Vous vous retrouvez dans un couloir souterrain en pierres maçonnées, bien éclairé par des torches disposées dans des appliques fixées sur les parois à intervalles réguliers. La caverne de métal a disparu. En fait, vous vous retrouvez face à trois couloirs orientés vers le nord-ouest, le nord et le nord-est. Tous trois sont obscurs, et ne vous inspirent guère confiance. Dans le couloir nord-ouest, vous remarquez les premières marches d'un escalier qui semble s'enfoncer profondément dans le roc. Il vous faut prendre rapidement une décision. Allez-vous vous diriger :

vers le nord-ouest ? Rendez-vous au **141**.
vers le nord ? Rendez-vous au **151**.
vers le nord-est ? Rendez-vous au **154**.

140

Oh misère. Vous venez d'être mordu par un Serpent qui était enroulé au fond du coffre n° 1. (Non, ne prenez pas vos dés, ne vous tordez pas de douleur ce n'est pas tout). Heureusement, comme tout excentrique sensé, vous avez ouvert *en premier* le coffre n° 2. A l'intérieur se trouvait un petit flacon portant clairement l'inscription : Antidote au venin de Serpent. En toute hâte, vous lampez cet antidote (qui a un goût infect) et, en quelques instants, vous vous sentez beaucoup mieux. Le **14** avec ses perspectives fatales s'efface à l'horizon. Comme le Minotaure l'avait prédit, les autres coffres et la cassette ont disparu. Rien d'autre à faire que de partir.

Les passages qui permettent de sortir de la grotte du Minotaure conduisent au **137**, au **114** et au **128**. Faites votre choix !

141

Obscurité totale. Et, dans cette obscurité, quelque chose se jette sur vous. Une énorme créature très agressive, et semble-t-il velue. Des crocs claquent à vous frôler la gorge. Des griffes vous labourent la poitrine. Des grondements féroces vous font vibrer les tympans. En somme, vous voilà avec un autre combat sur les bras.

Le Monstre (quoi d'autre ?) dispose de 80 POINTS DE VIE. Il porte le premier coup contre vous, et il lui suffit de faire 5, au minimum, pour vous toucher. Chacun de ses coups vous infligera 2 Points de Dommage supplémentaires. Défendez-vous, Pip !

Si le Monstre remporte le combat, rendez-vous au **14**.

Si vous êtes vainqueur, rendez-vous au **152**.

142

On entend un ronronnement de machine. Une vibration vous parcourt le corps. Pendant un instant, vous vous sentez étourdi, désorienté. Une spirale de lumière jaillit de la plaque, sous vos pieds, et s'enroule autour de vous. La tête vous tourne. Le vertige s'amplifie... Puis, c'est l'obscurité. Rendez-vous au **14**.

143

La cassette contient une grosse clef qui pourrait vous être utile si vous survivez à la morsure du Serpent lové au fond du coffre n° 3. Lancez deux dés pour savoir si la morsure du Serpent est mortelle.

Si vous faites :

de 2 à 5 : rendez-vous au **14**.

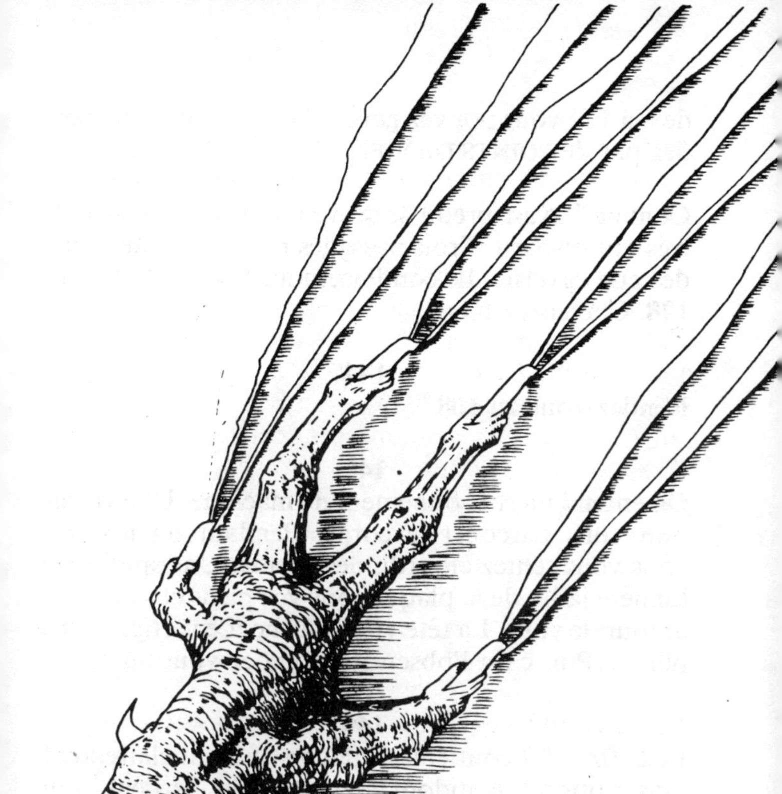

141 *Des griffes vous labourent la poitrine.*

de 6 à 12 : vous pouvez garder la clef, et vous ne perdez pas de POINTS DE VIE.

Comme l'avait prédit le Minotaure, les autres coffres ont disparu. Trois passages permettent de sortir de cette caverne. Ils conduisent au **137**, au **114** et au **128**. Choisissez bien !

144

Rendez-vous au **108**.

145

On entend un ronronnement de machine. Une vibration vous parcourt le corps. Pendant un instant, vous vous sentez étourdi, désorienté. Une spirale de lumière jaillit de la plaque sous vos pieds et s'enroule autour de vous. La tête vous tourne. Le vertige s'amplifie... Puis c'est l'obscurité. Rendez-vous au **14.**

146

Le coffre n° 2 contient un flacon où se lit clairement l'inscription : Antidote au venin de Serpent, qui pourrait se révéler utile en cas de morsure de Serpent. Il y en a suffisament pour une dose, qui neutralisera complètement le venin, vous laissant le total de POINTS DE VIE dont vous disposiez avant d'être mordu.
Le coffre n° 3 contient un rouleau sur lequel est écrit :

NPJ, FUIFMCFSU, NPJOF FU, N'FUBON MJF E'BNJUJF BWFD MF NPOTUSF B UFUF EF UBVSFBV BGGJSNF RVF TFVMF MB DMFG DPOUFOVF EBOT MF DPGGSFU QFVU QFSNFUUSF M'BDDFT B M'BOUSF EFT DSBDIFVST EF GFV.

Ce qui n'éclaire guère votre lanterne, à moins que vous ne parveniez à déchiffrer le code. (Et encore !) Comme l'avait prédit le Minotaure, les autres coffres ont disparu. Les passages pour sortir de la grotte du Minotaure conduisent au **114**, au **128** et au **137**. Faites votre choix !

147

On entend un ronronnement de machine. Une vibration vous parcourt le corps. Pendant un instant, vous vous sentez étourdi, désorienté. Une spirale de lumière jaillit de la plaque, sous vos pieds, et s'enroule autour de vous. La tête vous tourne. Le vertige s'amplifie. Puis c'est l'obscurité. Rendez-vous au **108**.

148

On entend un ronronnement de machine. Une vibration vous parcourt le corps. Pendant un instant, vous vous sentez étourdi, désorienté. Une spirale de lumière jaillit de la plaque sous vos pieds et s'enroule autour de vous. La tête vous tourne. Le vertige s'amplifie... Puis c'est l'obscurité. Rendez-vous au **14**.

149

On entend un ronronnement de machine. Une vibration vous parcourt le corps. Pendant un instant, vous vous sentez étourdi, désorienté. Une spirale de lumière jaillit de la plaque sous vos pieds et s'enroule autour de vous. La tête vous tourne. Le vertige s'amplifie... Puis c'est l'obscurité. Rendez-vous au **14**.

150

La cassette contient une grosse clef. A quoi peut-elle bien correspondre ? Le coffre ne fournit aucune explication : il contient seulement un flacon avec l'inscription clairement indiquée Antidote au venin de Serpent, ce qui, au moins, pourrait se révéler utile en cas de morsure de Serpent. Son goût est infect, mais il neutralise totalement le venin. Il vous laissera les POINTS DE VIE dont vous disposiez avant d'être mordu. Le flacon ne contient qu'une seule dose. Comme le Minotaure l'avait prédit, les autres coffres ont disparu. Trois passages permettent de sortir de cette caverne. Ils conduisent au **114**, au **137** et au **128**. Faites votre choix !

151

La galerie que vous suivez maintenant, est creusée à même le roc, et donne plutôt l'impression d'une fissure naturelle, élargie par endroits pour faciliter le passage. Tandis que vous progressez dans ce passage, une pensée vous vient à l'esprit. Quelle que soit la raison de la présence de cette invraisemblable machine à l'époque du roi Arthur, il est évident qu'elle vous a expédié *ailleurs,* et qu'il vous est impossible de revenir sur vos pas. Qu'importe après tout ! Un aventurier courageux doit toujours aller de l'avant. Et c'est précisément ce que vous faites : soudain, une nouvelle caverne se présente à vous. Vous avez un instant d'hésitation, car elle est totalement différente de celles que vous avez visitées jusqu'à présent. On dirait qu'elle a été formée de roches liquides, car ses parois sont lisses, et sa forme évoque celle d'un gigantesque entonnoir. Vous avancez avec précaution. La pente est de plus en plus raide, et la caverne se rétrécit autour de vous. Tous les sens en alerte, vous progressez maintenant pas à pas, et... oh, non ! le fond de la caverne est obstrué par un énorme rocher ! Que faire ? Apparemment, le rocher semble impossible à déplacer.

151 *La forme de la caverne évoque celle d'un gigantesque entonnoir.*

Vous pouvez lancer les dés, mais une seule fois. Si vous obtenez 10, 11 ou 12, le rocher n'est pas aussi pesant que vous l'imaginiez, et vous parvenez à le faire basculer sur le côté.
Si vous ne sortez pas ces chiffres, une Boule de Feu peut dégager le passage. S'il ne vous reste plus de Boules de Feu, ou si vous préférez ne pas en utiliser ici, vous pouvez vous servir d'une baguette magique (si vous en avez trouvé une). Elle dissoudra lentement le bloc de rocher, et le transformera en boue... mais au prix exorbitant de 25 POINTS DE VIE. Vous pouvez perdre la vie dans cette affaire : aussi, avant d'agiter la baguette, vérifier bien votre total de POINTS DE VIE, pour ne pas échouer, une fois de plus, au **14**.
Dès que vous aurez réussi à franchir cet obstacle, rendez-vous au **153**. Sinon, impossible de faire demi-tour : les parois de la caverne sont trop lisses, et la pente trop abrupte. Vous allez vous ennuyer un bon moment dans ce sinistre lieu, avant de vous retrouver au **14**.

152

Il se produit une chose vraiment étrange : maintenant que le Monstre est mort, l'obscurité se dissipe, vous permettant de distinguer ce qui vous entoure. Comme si, de son vivant, le Monstre avait absorbé la lumière. Et, en effet, une zone d'obscurité demeure sur le sol. Lorsque vous y plongez la main, vous sentez au bout des doigts une peau velue, des serres ; vous devinez la forme d'un corps. Il semblerait que vous ayez exterminé une sorte de Monstre des Ténèbres. Vraiment bizarre.
Mais assez philosophé. La salle dans laquelle vous vous trouvez (il s'agit véritablement d'une salle, et

non d'une caverne), est plutôt spartiate d'aspect. Il y a un tas de foin dans un coin, où devait sans doute dormir le Monstre des Ténèbres avant que vous ne l'endormiez à jamais. A part cela et une écuelle, rien d'autre. A l'exception de la baguette magique, bien sûr.

Cette baguette, prolongée d'une petite courroie en cuir à une extrémité, est accrochée à un clou sur le mur ouest. Elle est en ébène et se termine par une pointe en jade. En la touchant, vous ressentez le frémissement électrique révélateur d'un puissant pouvoir magique, mais vous avez beau l'agiter ou la pointer, vous n'obtenez aucun résultat tangible. N'importe, une baguette magique est une baguette magique, et la magie c'est la magie. Vous la glissez donc dans votre sac, espérant qu'elle vous sera peut-être utile par la suite. Une seule issue permet de quitter la salle. Elle s'ouvre sur un passage étroit orienté vers l'est. Vous le suivez sur une courte distance et vous arrivez bientôt devant une porte qui s'ouvre sans difficulté. Vous êtes maintenant dans une galerie orientée nord-sud. Derrière vous, la porte s'est refermée, et semble avoir complètement disparu dans la paroi rocheuse. Vous décidez de poursuivre votre chemin vers le nord. Rendez-vous au **151**.

153

Un court passage, orienté vers le sud-est, aboutit brusquement au sommet d'une volée de marches. Taillées grossièrement, — très grossièrement — elles sont maintenant lisses et usées comme si d'innombrables pieds les avaient foulées durant des éternités. Mais quels pieds ? Certainement pas ceux d'aventuriers, car seul un aventurier robuste, courageux et intelligent a pu survivre assez longtemps pour parvenir jusqu'ici ; ces êtres-là sont rares. Non, Pip. Ces marches ont été usées par quelque créature des cavernes, par quelque maléfique créature des ténèbres. Avez-vous perçu un son, au-dessous de vous ? Un son ténu, sinistre. Un frôlement... La créature qui monte en rampant le long des marches a plus de deux mètres de long. Verte, les yeux rouge sang, elle darde furieusement devant elle une langue effilée, une très longue langue palpitante, qui se termine par un bulbe. Clac ! La langue se détend comme un fouet dans votre direction. Lancez deux dés pour savoir si vous êtes assez rapide pour l'éviter.

Si vous faites :
de 2 à 8 : vous avez réussi à l'éviter.
de 9 à 12 : la langue s'enroule autour de vous, et vous attire inéluctablement vers une gueule béante. Prenez le temps d'être digéré, puis rendez-vous au **14**.
Même si vous avez échappé à la langue du monstre, vous n'êtes pas pour autant sorti de l'auberge ! Cela vous donne simplement l'occasion de combattre le *Rampant* (le propriétaire de la langue). La créature ne possède pas plus de 20 POINTS DE VIE, mais si elle réussit à frapper un seul coup, vous êtes pris au piège, et digéré. Le Rampant réussit à porter un coup s'il sort, au minimum, un 8...
Si vous perdez la vie au cours du combat, rendez-vous au **14**.
Si vous tuez le Rampant (et bon débarras, si vous y parvenez), rendez-vous au **154**.

154

Vous descendez prudemment les marches pour déboucher dans une salle de dimension moyenne, manifestement créée par l'homme, mais voilà certainement des siècles et, semble-t-il abandonnée depuis longtemps. Des lambeaux de porte pourrie sont restés accrochés au chambranle. Le plafond disparaît à demi sous les toiles d'araignées. Une issue située au nord-est, s'ouvre sur un autre passage, dont le sol descend en pente. Mais, entre vous et la sortie, se trouvent des objets d'un intérêt considérable : un coffre vétuste, mais bien conservé, et un rouleau de parchemin, plus récent semble-t-il qui a roulé jusqu'à l'entrée du passage...

Si vous désirez lire d'abord ce qui peut être écrit sur le parchemin, rendez-vous au **170**.
Si vous désirez ouvrir d'abord le coffre, rendez-vous au **156**.

155

C'est une impasse ! Auriez-vous cru quelqu'un capable de vous jouer un tour pareil ! Tracer sur une carte un itinéraire qui aboutit à une impasse ! Vous qui avez peiné durant des kilommètres pour arriver là ! il est à craindre que la seule solution soit de refaire tout ce trajet en sens inverse, et d'essayer un autre itinéraire.

156

Le coffre est cerclé de cuivre, et fermé par un moraillon. Un motif décoratif en feuille d'or est incrusté dans le couvercle, autour d'un gros rubis. Il semble qu'il y ait différentes façons possibles d'ouvrir ce coffre, Pip.

Vous pouvez, par exemple, simplement rabattre le moraillon, et essayer de soulever le couvercle. Si vous voulez ouvrir le coffre ainsi, rendez-vous au **171**.

Vous pouvez, par ailleurs, estimer qu'un coffre de ce genre, dont le contenu doit revêtir une extrême importance, doit posséder une serrure secrète, probablement déclenchée par le joyau incrusté dans le couvercle. Si vous voulez essayer de manœuvrer le rubis, rendez-vous au **164**.
Ou peut-être êtes-vous trop impatient pour vous livrer à des manipulations aussi subtiles : vous pouvez vous servir de votre épée pour forcer la serrure. Si telle est la solution que vous choisissez, rendez-vous au **169**.

157

Vous voilà bien agressif, n'est-ce pas ? Eh bien, puisque vous avez décidé d'attaquer, c'est vous qui frappez en premier ces petites horreurs. Ce qui vaut peut-être mieux pour vous.
Chaque Forme ne possède que 4 POINTS DE VIE. Un seul coup peut donc la tuer. Mais le problème, c'est que si vous ne vous en débarrassez pas du premier coup, La Forme va pénétrer dans votre corps, et s'y fondre lentement, vous faisant perdre 15 POINTS DE VIE ! Bien entendu, elle se détruit alors d'elle-même, mais c'est une piètre consolation, n'est-ce pas ? Les Formes attaquent à tour de rôle, et n'oubliez pas qu'elles sont au nombre de six. Bonne chance !

Si vous sortez vainqueur de ce combat, rendez-vous au **162**. Sinon, rendez-vous au **14**.

158

Le résultat paraît satisfaisant : les toiles d'araignées ont disparu. Rendez-vous au **165**.

159

Le résultat paraît satisfaisant : les toiles d'araignées ont disparu. Rendez-vous au **165**.

160

Vous armant de tout votre courage, vous faites quelques pas, et vous pénétrez dans la plus étrange des cavernes que vous ayez visitées jusqu'alors. D'extraordinaires structures cristallines incrustées dans toute la surface de ses parois scintillent doucement à la lumière de votre torche, projetant des ombres aux reflets de saphir et d'émeraude ondulant comme des flammes magiques. L'espace est immense, et le sol descend en une série de gradins de faible hauteur, tel un escalier construit pour le plus gigantesque des géants. Le dernier des gradins s'incurve vers le nord, se rétrécissant en une espèce d'entonnoir dont l'extrémité s'élève brusquement, pour former une cheminée débouchant certainement à l'air libre. Et toute l'atmosphère de ce lieu sinistre est imprégnée d'une âcre puanteur qui vous suffoque à demi.

Soudain, une flamme jaillit, qui illumine l'espace d'un instant l'ensemble de la caverne. Le spectacle qui s'est offert à vous durant ces quelques secondes vous glace le sang : la caverne grouille de Dragons ! Il y en a partout : des douzaines, des centaines, nichés dans les anfractuosités, perchés sur des corniches rocheuses au-dessus de votre tête, plaqués aux parois irrégulières, tels des chauves-souris de cauchemar. Et leurs yeux rouges surveillent le moindre de vos mouvements. Même l'Ordre des Chevaliers de la Table Ronde au complet ne pourrait venir à bout de cette engeance monstrueuse. Même les puissants pouvoirs magiques que recèle le Globe pour lequel vous avez risqué votre vie ne suffiraient sans doute pas à les tenir en respect. Votre instinct vous crie de vous enfuir... mais la fuite est impossible ! Car devant vous, sur la marche la plus basse,

Le spectacle qui s'offre alors à vous vous glace le sang :

la caverne grouille de Dragons !

accroupi lourdement à côté d'une boule de cristal rouge sang coiffant une colonne de marbre, gigantesque, impassible, se trouve le monstre que vous avez pour mission de tuer. LE DRAGON DE BRONZE ! Il lève ses yeux d'ambre étincelants et vous fixe jusqu'au tréfonds de l'âme. Sssss ! Une petite langue de feu bleu-vert jaillit de sa gueule. Au même moment, des mots résonnent silencieusement en vous.

Sois le bienvenu, Pip, aventurier et fidèle serviteur de l'Enchanteur Merlin !

Vous ressentez un coup au cœur. C'est de la télépathie ! Un dragon télépathe ! Aucun texte n'a jamais fait mention de cela !

Ce n'est pas le Dragon, Pip. C'est moi qui te parle. D'esprit à esprit.

Stupéfait, vous jetez des regards affolés de tous côtés. Et, oubliant la multitude des Dragons qui vous entourent, vous hurlez :
— Qui êtes vous ? Où êtes-vous ?

Je suis Ethelbert, Moine Guerrier, Pip, un aventurier tout comme toi, mais en proie à la mauvaise fortune. Quant au lieu où je me trouve, la volonté divine a permis à ce monstre infernal de se livrer à une étrange opération magique par laquelle il a emprisonné mon âme dans cette infâme boule de cristal placée sur ce piedestal devant toi. Je suis condamné à y demeurer à jamais, à moins que tu n'aies la force d'égorger cette bête répugnante et de fracasser le cristal pour me délivrer.

— Mais comment m'y prendre pour tuer le Dragon

de Bronze ? demandez-vous avec angoisse car en vérité, le peu d'assurance qui vous animait tend à vous abandonner.

Grâce à la magie, valeureux Pip ! La magie et la robustesse de tes bras. D'étranges forces se sont répandues dans Avalon depuis que les Portes du sinistre Royaume des Morts ont été ouvertes par ce monstre. Mais j'ai toute confiance en toi, Pip. Espère en Dieu et frappe résolument à la tête quand tu affronteras la bête immonde. Mais, pour commencer, tu dois te mesurer aux Dragons de moindre importance. Puisse ton Globe mystique te protéger.

Et il a raison, vous savez, Pip. Avant de courir le risque de vous faire tuer par le Dragon de Bronze, il va falloir venir à bout de ces centaines de Dragons qui vous entourent. Alors lancez les dés, et tout de suite, avant que vos nerfs ne vous trahissent.

Si vous faites :
de 1 à 9 : rendez-vous au **163**.
de 10 à 12 : rendez-vous au **166**.

161

Fâcheuse initiative ! Vous voilà pris dans les toiles d'araignées, et sans aucun moyen d'y échapper. Alors, autant vous rendre immédiatement au **14**.

162

Regardez, Pip ! Il y a un Globe au fond du coffre ! Il repose sur un coussin de velours pourpre, à côté d'une petite plaque de cuivre polie portant une inscription. Penchez-vous pour la déchiffrer !

LE GLOBE DU MAITRE DES DRAGONS

Tous les lézards cracheurs de feu sont soumis au pouvoir du Globe. Soufflez sur lui : si vous êtes un véritable Maître des Dragons, aucun cracheur de feu d'une espèce commune ne vous attaquera. Si vous n'êtes pas un Maître des Dragons, peut-être le Globe vous protégera-t-il, mais vous n'en aurez la certitude qu'après l'avoir mis à l'épreuve. Si le cracheur de feu appartient à une espèce magique, Dragon d'Argent, d'Or, d'Ebène ou de Bronze, le Globe restera sans pouvoir. Même s'il est entre les mains d'un Maître.

Quelle trouvaille ! Dommage que vous ne soyez pas un Maître des Dragons. Mais du moins maintenant, avez-vous une chance d'échapper à la plupart des Dragons que vous pourrez rencontrer, avant d'affronter le monstre de bronze. Vous prenez donc délicatement le Globe, et vous le rangez avec soin dans votre sac, vous demandant qui en fut l'artisan, et de quelle race pouvaient être ces Maîtres des Dragons, dont personne n'a jamais entendu parler dans l'Avalon du roi Arthur.

Vous fouillez encore le coffre, puis la salle, le plus minutieusement possible, mais sans rien trouver d'autre qui vous intéresse. Vous vous dirigez alors vers l'entrée du tunnel qui semble descendre en pente abrupte dans les entrailles de la terre. Bien qu'il diffère peu des autres tunnels que vous avez suivis jusqu'à présent, votre instinct, affiné par tous les dangers que vous avez déjà affrontés, vous avertit que vous approchez enfin du but. Et il semble bien que vous ne vous trompiez pas, car l'âcre puanteur des Dragons se renforce. Bientôt, vous apercevez devant vous une faible lueur, qui se transforme rapidement en un cercle de pâle lumière marquant l'entrée d'une nouvelle caverne. Au-delà, vous entendez comme un léger bruissement : le bruissement feutré des ailes des Dragons. Rendez-vous au **160**.

163

Sans perdre un instant, vous sortez le Globe de votre sac, et vous soufflez dessus. Il semble d'abord se troubler, puis il se met à flamboyer d'une éblouissante lumière mauve. Un vaste bruissement d'ailes retentit alors au-dessus de vous : de toute évidence, le phénomène a dérangé les monstres. Vous respirez profondément et, le cœur battant, vous vous avancez à pas comptés dans la caverne. Le Globe va-t-il vous protéger ? Si la magie échoue, votre force, votre expérience et les sortilèges qui vous restent ne vous aideront que momentanément contre les énormes créatures qui vont fondre sur vous.

Les Dragons, nerveux, s'agitent, vous fixant d'un regard intense. Mais vous atteignez l'extrémité de la première marche sans qu'ils aient autrement réagi, et vous avancez sur la marche suivante. Le Dragon de Bronze demeure impassible, comme vous en avait averti l'inscription figurant sur la plaque de cuivre. Du moins n'esquisse-t-il aucun mouvement dans votre direction, attendant sans aucun doute que vous soyez arrivé à sa hauteur. Vous hésitez quelque peu, et vous levez la tête. Les yeux des Dragons luisent férocement, reflétant la lumière mauve du Globe. Soudain l'un d'eux prend son élan d'une corniche, et se laisse tomber dans votre direction. Mais rapidement, il déploie ses ailes et, amorçant un virage, regagne son perchoir.
Vous êtes maintenant au bout du deuxième degré, et vous descendez sur le suivant. Dans votre main, le Globe semble émettre maintenant un faible son... mais oui ! une légère musique se répète en écho dans toute la caverne. Deux par deux, les yeux qui vous épiaient commencent à s'alourdir, puis se ferment ! Les uns après les autres, les grands Dragons glissent la tête sous leur aile et s'endorment. Le pouvoir magique du Globe a opéré ! Et vous pouvez concentrer toute votre attention sur le monstre qui vous attend patiemment, un peu plus bas. Vous posez le Globe qui continue à chanter doucement, et vous dégainez E.J. Rendez-vous au **172**.

164

Le couvercle du coffre s'ouvre brusquement. Mais au même instant, le rubis flamboie brièvement dans une explosion de lumière rouge sang, puis s'effrite et tombe en poussière. L'explosion vous coûte 30 POINTS DE VIE.

Si vous avez perdu la vie, rendez-vous au **14**.
Sinon, rendez-vous au **169**, pour examiner le contenu du coffre.

165

Oh, oh. Des petites Formes noires s'envolent du coffre. De toutes petites créatures de la taille d'une main d'homme, peut-être même plus petites. Six en tout, qui volètent comme des chauves-souris ou des papillons. Mais il ne s'agit ni de chauves-souris ni de papillons. Ni d'oiseaux, d'insectes volants ou de quoi que ce soit du même genre. Impossible d'en décrire l'apparence ! Elles ressemblent, eh bien tout simplement à des ombres. Peut-être sont-elles dépourvues de réalité ? Elles sont sans doute inoffensives, et ne valent pas que l'on s'en inquiète. N'empêche qu'elles volètent dans votre direction !

Si vous décidez d'attaquer les Formes, rendez-vous au **157**.
Si vous préférez attendre pour voir si les Formes sont bien disposées à votre égard, rendez-vous au **168**.

166

Sans perdre un instant, vous sortez le Globe de votre sac, et vous soufflez dessus. Il semble d'abord se troubler, puis il se met à flamboyer d'une éblouissante lumière mauve. Un vaste bruissement d'ailes retentit alors au-dessus de vous : de toute évidence, le phénomène a dérangé les monstres. Vous respirez profondément et, le cœur battant, vous vous avancez à pas comptés dans la caverne. Le Globe va-t-il vous protéger ? Si la magie échoue, votre force, votre expérience et les sortilèges qui vous restent ne vous aideront que momentanément contre les énormes créatures qui vont fondre sur vous.

Les Dragons, nerveux, s'agitent, vous fixant d'un regard intense. Mais vous atteignez l'extrémité de la première marche sans qu'ils aient autrement réagi, et vous avancez sur la marche suivante. Le Dragon de Bronze demeure impassible, comme vous en avait averti l'inscription figurant sur la plaque de cuivre. Du moins n'esquisse-t-il aucun mouvement dans votre direction, attendant sans aucun doute que

vous soyez arrivé à sa hauteur. Vous hésitez quelque peu, et vous levez la tête. Les yeux des Dragons luisent férocement, reflétant la lumière mauve du Globe. Soudain l'un d'eux prend son élan d'une corniche, et se laisse tomber dans votre direction. Mais rapidement, il déploie ses ailes et, amorçant un virage, regagne son perchoir.

Vous êtes maintenant au bout du deuxième degré, et vous descendez sur le suivant, quand soudain, la lumière du Globe se ternit, vacille et s'éteint ! Pendant un long moment, un silence absolu règne dans la caverne. Puis l'enfer semble se déchaîner au-dessus de vous lorsque les puissants Dragons prennent leur envol. Les battements de leurs grandes ailes déclenchent une véritable tornade, et la caverne tout entière est illuminée par les jets de feu qui sortent de leur gueule.

Vous lâchez le Globe qui se brise sur le sol, et vous dégainez votre épée. Mais le combat qui vous attend est par trop inégal. Le premier monstre vous saisit dans ses énormes griffes, et bientôt vous êtes environné d'un tourbillon d'ailes et de jets de flammes. Avant de perdre connaissance, vous entendez une voix sonore qui résonne en vous :

Tu dois essayer de nouveau, Pip ! Essaye encore ! Encore ! Encore !

Lorsque vous reprenez conscience, vous êtes étendu sur le sol glacé d'une grotte. Les Dragons ont disparu, mais vous avez perdu la moitié de vos POINTS DE VIE. Rendez-vous au **108**.

167

Vous venez de perdre votre arme. Elle est restée prisonnière des toiles d'araignées. Retournez au **169**, et faites une nouvelle tentative.

168

Les Formes volètent doucement dans votre direction, l'une d'elle précédant les autres. Elles s'approchent de plus en plus, ces petites ombres silencieuses ! La Forme qui vient en tête est presque sur vous. Elle effleure votre bras, légère, impalpable, puis, sans vous causer la moindre douleur, elle pénètre en vous. Vous venez de perdre 15 POINTS DE VIE, maladroit ! Et si vous venez de perdre aussi la vie, rendez-vous au **14**.

Les cinq autres Formes se dirigent vers vous les unes derrière les autres. Impossible d'échapper au combat. Mais une bonne nouvelle est qu'il vous suffit de leur infliger 4 Points de Dommage pour les tuer. La mauvaise nouvelle, c'est que si vous ne vous en débarrassez pas du premier coup, la Forme va pénétrer dans votre corps et s'y fondre lentement, vous faisant perdre 15 POINTS DE VIE. Bien entendu, elle se détruit alors d'elle-même, mais c'est une piètre consolation, n'est-ce pas ? Les Formes attaquent à tour de rôle, et n'oubliez pas qu'elles sont au nombre de six. Bonne chance !

Si vous sortez vainqueur de ce combat, rendez-vous au **162**. Sinon, rendez-vous au **14**.

169

Ce coffre n'a pas dû être ouvert depuis de longues années, car un amoncellement de toiles d'araignées poussiéreuses recouvre son contenu. Comment allez-vous vous débarrasser de ces encombrantes toiles d'araignées ?

Allez-vous les balayer d'un revers de la main ? Rendez-vous au **161**.
Allez-vous les écarter à l'aide d'E.J. ? Rendez-vous au **158**.
Préférez-vous prendre le risque d'utiliser une autre de vos armes pour en venir à bout ? Rendez-vous**167**.
Allez-vous essayer de les brûler à l'aide d'une Boule de Feu, ou de tout autre sortilège susceptible de se montrer efficace dans ce cas ? Rendez-vous au **159**.

170

Un message, rédigé récemment selon toute apparence, déclare :

Moi, Ethelbert, Moine Guerrier, loyal sujet d'Arturus Rex, fils de Uthur Pendragon, et Suzerain légitime du Royaume d'Avalon, atteste par ces lignes que, par la grâce de Dieu, et de mes pieds agiles, j'ai évité l'immonde créature rampante qui garde cette salle maudite et que j'ai, a mon grand dam, exploré le coffre qui s'y trouvait. Sache, toi qui va peut-être suivre mes pas, que si le coffre contient un objet d'une valeur inestimable, il recèle également la mort. La mort sous de multiples formes. Voici ce que j'ai découvert :

A l'intérieur du moraillon se dissimule une aiguille dont la pointe a été trempée dans le poison le plus violent.

Dans le couvercle est incrustée une pierre précieuse qui, sous l'effet d'une pression déclenchera l'ouverture du coffre et vaudra à l'aventurier qui l'a touchée une malédiction entraînant pour lui la perte immédiate de 30 POINTS DE VIE.

A l'intérieur du coffre se trouvent des entrelacs de fils semblables à des toiles d'araignées ; et pourtant ce ne sont pas des toiles d'araignées ordinaires, car ces fils immondes capturent et immobilisent toute créature qui les touche. Seule une lame magique peut les trancher en toute impunité ; à moins qu'ils ne soient brûlés par le feu magique.

Sous les toiles d'araignées rodent les créatures de la nuit, des ombres grandes comme la main d'un homme. Elles sont au nombre de six. Mais, chacune d'entre elles est si faible, qu'un seul coup peut l'anéantir, et pourtant si forte qu'elle peut supprimer 15 POINTS DE VIE en un instant.

Sous ces créatures repose le trésor du coffre, un globe magique qui seul, affirme-t-on, peut assurer la survie d'un aventurier dans cette terrible caverne. Mais quant à moi je n'en crois rien, préférant me fier à la grâce de Dieu. J'ai donc laissé le globe dans le coffre pour ceux qui viendraient après moi.
Certifié véridique, et signé.

ETHELBERT, Moine Guerrier.

Maintenant rendez-vous au **156** pour examiner le coffre.

171

Une aiguille jaillit du moraillon et vous perce le pouce. Vous ressentez aussitôt une douleur cuisante qui se transforme très vite en une brûlure intolérable, tandis que votre bras tout entier se met à enfiler. Bien inquiétant, non ? Cette aiguille, de toute évidence, était empoisonnée, Pip. Si vous n'êtes pas protégé contre le poison, lancez deux dés.

Si vous faites de 2 à 4, vous êtes naturellement immunisé. Retournez au **156**, et essayez une autre méthode (plus sûre, espérons-le) pour ouvrir le coffre.
Si vous faites de 5 à 12, le poison vous terrasse. Rendez-vous au **14**.

172

Au moment où vous atteignez le dernier degré, le Dragon de Bronze se dresse brusquement. Malgré son corps massif, cette créature se meut avec une agilité terrifiante. Il vous domine de toute sa taille, ses yeux d'ambre étincelant de haine... et d'intelli-

gence. Dragon peut-être, mais pas de l'espèce ordinaire des lézards cracheurs de feu. C'est là un être pétri de force, de puissance, de ruse. Maintenant que vous vous trouvez enfin face à face avec lui, vous comprenez que la légende l'ait fait naître en Enfer. Une aura de puissance magique l'entoure, une aura maléfique. Toute votre force, votre habileté, votre ingéniosité, tous les sortilèges qui vous restent doivent être jetés dans le combat qui se prépare si vous voulez avoir la moindre chance de vaincre.
Le Dragon de Bronze dispose de 150 POINTS DE VIE, beaucoup plus que vous-même. Il frappe s'il obtient au minimum 5 et vous infligera 5 Points de Dommage supplémentaires à chaque fois qu'il réussira à vous atteindre d'un croc ou d'une griffe. Tous les trois coups, il crache un jet de feu bleu et or qui, s'il vous touche, vous inflige 10 Points de Dommage.
Vous pouvez utiliser tous vos sortilèges contre lui. L'INVISIBILITE n'a qu'une efficacité limitée dans la mesure où le Dragon peut quand même sentir votre présence, mais il lui faut alors obtenir au minimum 8 pour vous frapper pendant que vous demeurez invisible. Allez-y, Pip, et ne vous perdez pas dans vos comptes !

Si le Dragon de Bronze vous tue, rendez-vous au **14**. Si vous tuez le Dragon de Bronze, rendez-vous au **173**.

173

La gigantesque carcasse du redoutable Dragon de Bronze gît à vos pieds, encore palpitante. Vous vous dirigez vivement vers l'étincelante boule de cristal rouge et, d'un revers de main, vous la faites tomber du piédestal. Elle se brise en mille morceaux sur le sol rocheux.

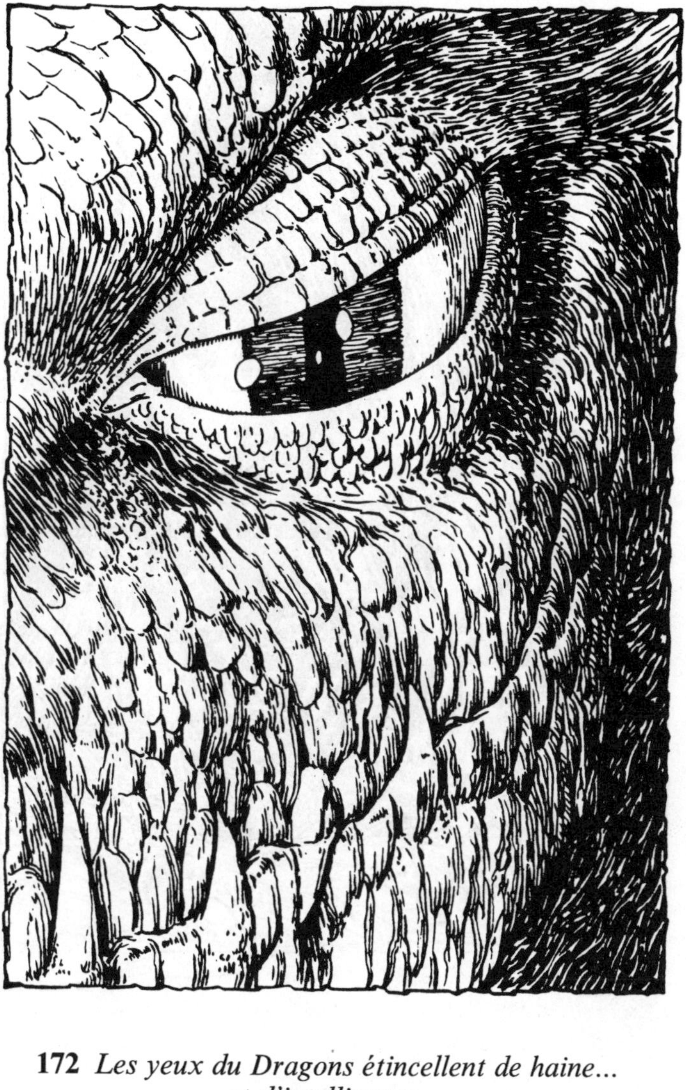

172 *Les yeux du Dragons étincellent de haine...*
et d'intelligence.

173 *Le Dragon de Bronze gît à vos pieds.*

Un silencieux éclair lumineux ! Devant vous, en robe souillée et déchirée, son épée à double tranchant glissée à la ceinture, se dresse un moine corpulent et barbu, aux yeux bruns luisants, aux sourcils broussailleux, aux cheveux hirsutes d'un noir de jais.
— Par l'orteil sacré de saint Paul, j'étais vraiment à l'étroit là-dedans ! grommelle-t-il. Puis, s'inclinant légèrement, il se présente : Ethelbert, Moine Guerrier et fidèle serviteur d'Arturus Rex, fils de Uthur Pendragon et légitime Suzerain du Royaume d'Avalon, à votre service.
Il hésite, jette un coup d'œil au Dragon de Bronze.
—En somme, si je comprends bien, tu n'as guère besoin de mes services aujourd'hui, Pip l'Aventurier, alors que j'ai mille raisons de t'être reconnaissant de celui que tu m'as rendu. Mais du moins... Il hausse les épaules et rajuste plus confortablement son épée à sa hanche. Je peux t'indiquer le moyen de sortir d'ici afin que nous regagnions Camelot ensemble pour annoncer que le Dragon de Bronze a cessé de menacer le royaume.

Le triomphe de Pip

Vint donc un jour en Avalon où deux étranges personnages dépenaillés réussirent péniblement à sortir de l'Antre du Dragon pour s'engager le long des chemins secrets qui finiraient par les ramener à Camelot. L'un d'eux était un gigantesque Moine Guerrier aux yeux sombres, à la barbe noire. L'autre, plus petit, plus mince, n'en avait pas moins fière allure : c'était un aventurier, jeune mais plein d'expérience dont le nom était sûrement destiné à vivre à jamais dans les annales du Royaume.

Ces deux êtres bizarrement assortis cheminaient avec lenteur, encore épuisés tous les deux par les efforts qu'ils avaient dû fournir au cours de leurs diverses aventures, étranges et périlleuses. Et aussi parce qu'ils traînaient derrière eux une litière sur laquelle était empilé un butin important, glané dans l'Antre des Dragons. Non qu'Ethelbert, le moine, s'intéressât beaucoup à ce genre de trésor, bien sûr. Mais Pip, le jeune aventurier professait une philosophie différente et était encore ulcéré d'avoir déjà perdu un trésor conquis lors d'une autre aventure.

Le trajet de retour fut sans histoire, car les chemins leur étaient maintenant familiers, ce qui leur permit d'éviter des endroits aussi épouvantables que le village de la Pierre-qui-Mue. Il leur fallut néanmoins plusieurs jours pour revenir sur leurs pas et regagner leur point de départ, ou du moins le point d'où Pip était parti. Et là, dans le champ, que virent-ils ? Wanda la Vagabonde, la vache favorite de Pip, la mine prospère bien nourrie d'herbe grasse, le pelage lisse et lustré, comme si rien de fâcheux ne s'était produit dans l'intervalle.

— Et maintenant, mon jeune ami ? demanda Ethelbert qui semblait avoir attaché ses pas à ceux de Pip depuis que celui-ci l'avait sauvé de la sphère magique de cristal.

— Je ne sais pas trop, répondit Pip en fronçant légèrement les sourcils. Je suppose que je devrais rendre compte à Merlin de mon aventure, et le prévenir que le Dragon de Bronze est mort, afin qu'il puisse aller trouver le Roi et réclamer sa pension. Mais, à dire vrai, je ne sais pas où le chercher. Il possède une sorte de château en bois dans la forêt, mais la dernière fois que je l'ai vu, il se trouvait dans sa Grotte de Cristal et personne ne peut le joindre à cet endroit-là.

— Mais tu dois bien le savoir, protesta Ethelbert, puisque c'est là que tu l'as rencontré. Tu ne te rappelles pas le chemin ?

— Je n'ai suivi aucun chemin, expliqua Pip tout en

veillant à ne pas se montrer trop explicite. Il m'a amené dans cet endroit par magie.

— Alors, peut-être va-t-il nous y ramener par magie, suggéra Ethelbert. Puisque tu es parti d'ici, pourquoi ne pas nous asseoir et attendre qu'il se manifeste ? Après tout, il est censé être un grand magicien, le plus grand du Royaume ! Il va sûrement se rendre compte très vite que nous sommes ici avec de bonnes nouvelles à lui apprendre.

Les deux compagnons s'assirent donc dans le champ, surveillant leur trésor, sans rien de mieux à faire que de contempler Wanda la Vagabonde, et ils attendirent. Ils attendirent et attendirent et attendirent...

Pendant ce temps, dans la Grotte de Cristal (où l'atmosphère était en réalité presque aussi nauséabonde que celle de l'Antre du Dragon), le plus grand magicien du Royaume se heurtait à quelques problèmes avec son dernier sortilège.

C'était un tour de magie relativement simple, ou qui aurait dû l'être, basé sur le principe alchimique, tant de fois mis à l'épreuve, qui permet de changer le plomb en or. Sa pension ayant été supprimée, il devenait impératif pour le magicien d'amasser une petite provision de métal précieux. Aussi, poussé par le désespoir avait-il acheté à un marchand un stock de plomb, et loué un attelage de chevaux de trait pour l'amener jusqu'à l'entrée de son actuel domicile secret. La transaction, y compris la location des chevaux, lui avait coûté à peu près jusqu'à son dernier sou, mais il était persuadé qu'il pourrait rentrer dans ses frais (et même récolter un gros bénéfice) une fois terminée son opération d'alchimie. Durant une semaine, il avait lui-même transporté le plomb, par petites quantités, jusque dans la grotte, et l'avait entreposé à proximité du fourneau de fortune qui jouait un rôle si important dans l'opération d'alchimie.

Pour ceux que ces problèmes intéressent, précisons qu'il utilisait un procédé appelé le Mariage Chimique de la Reine Blanche et du Dragon Vert, sans aucun rapport avec le mariage, les dragons ou les reines, ni même, entre nous, avec la chimie (ce qui montre à quel point l'alchimie peut être déroutante).

Il consiste en fait à fondre le plomb sur le fourneau, puis à ajouter à la matière en fusion une série d'herbes rares et d'épices, tout en agitant une baguette magique et en psalmodiant les mots d'un sortilège particulier. Merlin s'était livré maintes fois à cette opération lorsqu'il était étudiant et qu'il apprenait les rudiments de la magie au Collège des Druides de Llandogo. A l'époque, sous la direction de ses précepteurs, tout avait toujours fonctionné parfaitement. Maintenant, pour une raison quelconque, l'opération se soldait par des échecs répétés. Le plomb se transformait bien, mais pas en or. Chaque fois que l'écho du sortilège s'éteignait sous les voûtes de la grotte, le plomb se transformait en pudding flambé.

A la septième métamorphose consécutive de ce genre, Merlin, déjà peu amateur de pudding flambé, entra, contrairement à son habitude, dans une telle rage qu'il renversa avec violence le fourneau et se dirigea à grands pas vers une autre partie de sa Grotte de Cristal. Sous le coup de l'exaspération il envisagea un instant de jeter un mauvais sort sur le potager de l'archevêque de Canterbury. L'antipathie mutuelle entre Merlin et l'Archevêque était de notoriété publique en Avalon, bien que personne — pas même les deux nobles vieillards — ne put se rappeler l'origine de cette inimitié.

Bien que nul ne puisse, bien entendu, souhaiter du mal à un archevêque, on peut se réjouir que Merlin, ce jour-là, se soit mis en colère. Car pendant qu'il cherchait dans un placard sa baguette à mauvais sorts, il tomba par hasard sur sa boule de cristal (égarée depuis près d'une semaine) et aperçut à l'intérieur le jeune Pip en compagnie d'une vache et d'un personnage aux traits rudes en robe de moine. A côté d'eux se trouvait une litière de fortune, sur laquelle apparemment étaient amassés pêle-mêle toutes sortes de trésors. Mais, ce qui était le plus remarquable c'était la toile recouvrant ce bric-à-

Merlin, le nez sur sa boule de cristal,
en scruta l'intérieur...

brac qui avait glissé légèrement, laissant apparaître la tête du Dragon de Bronze.
Merlin, le nez sur la boule de cristal, en scruta l'intérieur pendant un long moment, n'en croyant pas ses yeux. Puis il se livra à un manège des plus étranges, et peut-être bien magique. Poussant des cris de joie, il se mit à faire des claquettes tout autour de sa Grotte de Cristal.

Nouvelles Aventures

— Il y aura un banquet, bien entendu, déclara Merlin d'un air pensif, et un tournoi et ainsi de suite, avec moi-même comme invité d'honneur, et une place pour toi au haut bout de la table, jeune Pip, pour célébrer l'exploit que tu as accompli en débarrassant le Royaume de ce monstre.
— Est-ce que je peux amener mon ami Ethelbert ? demanda Pip.
— S'il fait un peu de toilette, répondit Merlin d'un ton appuyé.
Son regard se voila de nouveau tandis qu'il s'absorbait dans ses réflexions.
— Ma pension me sera rendue ; peut-être même sera-t-elle augmentée, car Arthur a tendance à se montrer fort généreux dans des situations comme celle-ci. Tu peux garder tous les trésors que tu as ramassés, Pip. Achète-toi un château ou je ne sais quoi, une belle ferme peut-être pour tes parents adoptifs. Le Roi sera peut-être même tenté de t'anoblir. Tu es encore un peu jeune pour ça, mais qui

sait ? A mon avis, nous allons disposer de pas mal de temps pour être heureux avant que les ennuis ne recommencent.
— Les ennuis ? fit Pip, en clignant des paupières.
— Eh oui, dit Merlin. Tu as fait du très beau travail en tuant le Dragon de Bronze, aucun doute à ce sujet. Mais la Porte est toujours ouverte.
— La Porte, répéta Pip.
— La Porte du Sinistre Royaume des Morts, précisa sèchement Merlin. Je t'en ai parlé, rappelle-toi. Tant qu'elle restera ouverte le Royaume courra toutes sortes de dangers. Enfin, tu pourras toujours régler ce problème lorsque tu auras repris ton souffle, savouré le festin et ainsi de suite. Ta bataille avec le Dragon de Bronze, je te le signale, n'était qu'une plaisanterie comparée aux dangers que tu devras affronter quand tu entreras dans le Sinistre Royaume des Morts. Il sourit. Mais j'ai toute confiance en toi maintenant, Pip. Oui, vraiment. Si quelqu'un peut réussir, c'est bien toi, j'en suis persuadé. Alors ne t'inquiète de rien. Retourne dans ton propre Temps pour te reposer un peu, et je t'appellerai de nouveau quand j'aurai besoin de toi pour attaquer le Sinistre Royaume.

Oui. Ce sera votre prochaine aventure, Pip. Votre prochaine victoire, si vous y survivez. Un endroit terrifiant, bien sûr, mais vous triompherez une fois de plus. Sans aucun doute.
Et je ferai appel à vous. Sans aucun doute.

Le Temps du Rêve

Ce chapitre ne doit être consulté que si vous prenez la décision de dormir durant une aventure. Si les dés vous amènent à cette page, observez les règles suivantes :

1. Vous entrez dans le Temps du Rêve avec le total de POINTS DE VIE que vous possédiez lorsque vous avez décidé de dormir.

2. Vous entrez dans le Temps du Rêve sans armure ni autre protection quelle qu'elle soit.

3. Vous entrez dans le Temps du Rêve sans magie ni arme quelconque, à l'exception de celles qui auraient pu vous être remises lors d'une rencontre bien précise.

4. Il se peut que vous ne rameniez rien d'un séjour au Temps du Rêve.

5. Tout POINT DE VIE perdu dans le Temps du Rêve est déduit de votre total de POINTS DE VIE. Si vous êtes tué dans le Temps du Rêve, vous êtes effectivement mort et vous devez vous rendre directement au fatidique **14**.

6. Maintenant entrez dans le Temps du Rêve en lançant deux dés, et en vous rendant directement à la section du Temps du Rêve indiquée par le total obtenu. Si vous survivez, retournez à l'endroit où vous étiez quand vous avez décidé de dormir.

Section du Temps du Rêve

2. Vous vous trouvez face à une petite créature volante en forme de cigare qui ne cesse de vous harceler. Bien qu'elle ne vous touche pas, à chaque passage elle émet une vibration qui altère votre cerveau et vous fait perdre 5 POINTS DE VIE. Cette créature est un Ronge-Méninges. Elle dispose de 15 POINTS DE VIE et frappe la première. Combattez-la au plus vite !

3. Vous êtes pourchassé à travers un cimetière par un Vampire. Si l'abominable monstre vous attrappe, c'en est fait de vous ! Déjà vos jambes flageolent à cette idée. Pouvez-vous lui échapper ? Testez la *Force* du vampire en lançant deux dés. Testez ensuite votre propre *Force* de la même façon. Comparez vos *Forces* respectives. Si le Vampire a une *Force* de 5 points supérieures à la vôtre... rendez-vous au **14**.

4. Vous êtes dans la grande salle de banquet d'un château. Cette salle est déserte. Sur la table, devant vous, sont posés deux calices. L'un de cristal, l'autre de bronze. Dans l'un, il y a du vin, dans l'autre du poison, mais vous n'avez aucun moyen de les distinguer l'un de l'autre, et vous êtes obligé de boire le contenu de l'un d'eux. Tentez donc votre chance en lançant deux dés. Si vous obtenez plus de six, vous avez assez de chance pour choisir le bon calice. En revanche, si le chiffre que vous obtenez est inférieur ou égal à 6, vous avez bu le poison, auquel cas vous devez lancer encore deux dés et soustraire ce que vous obtiendrez de votre total de POINTS DE VIE.

5. Vous essayez de vous enfuir de l'échauguette d'une haute tour et vous avez réussi à vous glisser dans une étroite fenêtre, dans l'espoir de descendre en escalade la paroi extérieure de la tour. En dépit de bonnes prises pour le bout des doigts et des pieds, la surface de la pierre est très glissante. Lancez deux dés pour savoir si vous tombez. Vous faites moins de 6 et c'est la chute libre ! Pendant que vous tombez, relancez deux dés pour savoir si vous allez vous écraser au sol ou plonger dans l'eau des douves. Si vous faîtes moins de 6, vous vous écrasez au sol et vous perdez 10 POINTS DE VIE. Si vous faites 6, ou plus de 6, vous tombez dans le fossé *sans* perdre de POINTS DE VIE, mais vous devez encore lancer deux dés pour découvrir si vous savez nager. Si vous obtenez moins de 6, vous ne savez pas nager, vous coulez à pic et vous vous rendez au **14**.

6. Vous marchez dans un superbe jardin clos par des murs, savourant la chaleur du soleil, quand vous êtes attaqué par un essaim d'abeilles. Chaque piqûre d'abeille vous coûte 1 POINT DE VIE. Lancez un dé pour savoir le nombre d'abeilles qui vont réussir à vous piquer.

7. L'un des sortilèges de Merlin a échoué et vous a transformé en pied de céleri. Vous poussez maintenant tranquillement dans un potager. C'est une existence supportable car vous avez à vos côtés des choux et des choux-fleurs à qui parler, mais la chèvre de Merlin a enfoncé la clôture et elle se rapproche dangereusement de vous en broutant. Lancez un dé pour savoir si elle aime le céleri... Si vous faites moins de 6, elle va vous grignoter 5 POINTS DE VIE avant de s'attaquer aux carottes de Merlin.

8. Vous combattez le Chevalier Noir, un redoutable scélérat disposant de 25 POINTS DE VIE. Vous portez une armure qui vous permet de déduire 5 points, des Points de Dommage que le Chevalier peut vous infliger. L'armure de votre adversaire est plus robuste, elle peut absorber 6 Points de Dommage. La lance utilisée par le Chevalier Noir lui donne 10 Points de Dommage supplémentaires à chaque fois qu'il vous portera un coup. Cependant, votre lance a été baptisée par l'archevêque de Canterbury et elle vous permet d'ajouter 12 Points de Dommage supplémentaire à chaque coup que vous porterez. Le roi Arthur lance deux dés pour décider de celui qui frappera en premier. S'il obtient de 2 à 6, c'est le Chevalier Noir qui prend l'initiative. S'il obtient de 7 à 12, c'est vous qui commencez.

9. Vous vous trouvez dans un sinistre couloir face à un énorme Monstre du Sommeil couvert de poils. Vous n'avez ni armes ni armure mais, près de vous, sont posés deux coffrets. Vous n'avez le temps d'en ouvrir qu'un seul avant que le Monstre du Sommeil ne vous attaque. Lancez un dé. Si vous faites de 1 à 3, vous trouvez une dague magique qui vous permet de trucider instantanément le Monstre. De 4 à 6, le coffret que vous ouvrez est rempli de gaz soporifique. Autrement dit, vous voilà obligé de vous endormir et de lancer à nouveau les dés pour savoir si vous allez faire un nouveau voyage dans le Temps du Rêve.

10. Vous chassez le sanglier dans la forêt, armé d'un arc et de sept flèches. Chaque flèche vous permet de marquer 10 Points de Dommage si elle frappe sa cible et il vous faut obtenir plus de 6 avec deux dés pour l'atteindre. Vous entrez dans une clairière et vous y découvrez un Ogre gigantesque sur le point de dévorer une ravissante jeune fille. Vous avez le temps de tirer vos sept flèches avant que l'Ogre ne puisse vous atteindre. L'Ogre a 40 POINTS DE VIE et il est si fort qu'il inflige 15 Points de Dommage supplémentaires à chaque coup qu'il porte de son énorme massue. Vous avez donc sept chances de le tuer avant qu'il ne vous touche et, comme il est très lent, *une* chance supplémentaire de l'achever de vos mains nues avant qu'il n'abatte sur vous son terrible gourdin.

11. A la suite d'un désaccord avec le roi Arthur sur la question de savoir si la terre était plate ou ronde, vous avez été jeté sans eau ni nourriture au fond d'une sinistre oubliette. La durée de votre séjour dans ce cul-de-basse-fosse dépend des résultats de votre prochain lancer de dé. (Un seul dé.) Pour chaque point marqué jusqu'à un maximum de 6, vous y restez un jour et vous perdez 1 POINT DE VIE avant que la colère du Roi ne s'apaise.

12. Vous vous trouvez sur le sommet d'une haute montagne en pleine bataille magique avec un malfaisant Sorcier qui occupe, lui, le sommet d'une montagne voisine. Dans cette bataille, vous émettez l'un contre l'autre de puissantes ondes magiques de feu bleuâtres. Tant que vous êtes deux à pratiquer ce bombardement réciproque d'ondes, un effet magique les neutralise et les rend inoffensives. Mais, tôt ou tard, l'un de vous va se trouver à court d'ondes. Lancez donc un dé pour savoir combien il reste d'ondes au Sorcier votre ennemi, et un dé pour savoir combien il vous en reste à vous. Celui des deux qui détient le plus grand nombre d'ondes divise par deux le total de POINTS DE VIE de son adversaire et gagne la bataille.

Règles des combats

Pour calculer votre *total de départ* de POINTS DE VIE
1. Lancez deux dés et additionnez les nombres obtenus.
2. Multipliez le résultat par 4.
3. Ajoutez les POINTS PERMANENTS DE VIE que vous avez gagnés dans vos prédédentes missions (10 points au maximum).

Pour porter un coup à votre adversaire
Faites au minimum 6 en jetant deux dés.

Pour infliger des Points de Dommage à un adversaire
1. Comptez le nombre de points que vous avez obtenus en plus du nombre nécessaire pour porter un coup.
2. Soustrayez ce nombre du total de POINTS DE VIE de votre adversaire.

Pour assommer un adversaire
Réduisez son total de POINTS DE VIE à 5.

Pour tuer un adversaire
Réduisez son total de POINTS DE VIE à zéro.

Vos adversaires font de même lorsqu'ils vous attaquent. Vous lancez, bien entendu, les dés à leur place.

Pour augmenter votre total de POINTS DE VIE

1. *Potions Curatives :* Vous disposez de trois fioles contenant chacune six doses de Potion. Chaque dose vous restitue les POINTS DE VIE correspondant au résultat obtenu en jetant deux dés.
2. *Onguents :* Vous disposez de 5 applications. Chacune vous restitue 5 POINTS DE VIE.
3. *Sommeil :* Vous pouvez dormir quand vous le désirez, sauf au cours d'un combat. Lancez un dé. Si vous obtenez de 1 à 4, rendez-vous au *Temps du Rêve*. Si vous obtenez 5 ou 6, vous augmentez votre total de POINTS DE VIE du résultat obtenu en jetant deux dés.

N.B. En aucun cas, votre total de POINTS DE VIE ne peut excéder votre *total de départ*, sauf si cela vous est expressément spécifié.

POINTS D'EXPERIENCE

1. 1 POINT D'EXPERIENCE est acquis pour chaque combat que vous avez gagné ou chaque énigme que vous avez résolue.
2. 20 POINTS D'EXPERIENCE = 1 POINT PERMANENT DE VIE.
3. Ces POINTS PERMANENTS DE VIE vous sont définitivement acquis. Vous pouvez les additionnez avec vos POINTS DE VIE, dont le total peut, en ce cas, être supérieur au *total de départ*.
4. 10 POINTS PERMANENTS DE VIE pourront être utilisés lors de vos futures missions.

Armes et armures

1. L'utilisation d'armes accroît le nombre de Points de Dommage que vous pouvez infliger à un adversaire.

2. L'utilisation d'une armure réduit le nombre de Points de Dommage qu'un adversaire peut vous infliger.
3. Vous disposez *en permanence* de trois pièces d'équipement.
a) E.J. : grâce à cette épée, il vous suffit de faire 4 en jetant deux dés, pour porter un coup à un adversaire. De plus, à chaque coup porté, E.J. inflige 5 Points de Dommage supplémentaires à un adversaire.
b) Une dague : elle inflige 2 Points de Dommage supplémentaires à un adversaire à chaque coup porté.
c) Le pourpoint en peau de dragon : il vous permet d'annuler 5 Points de Dommage qui pourraient vous être infligés.

Accessoires magiques d'attaque
Voir le Premier Livre de Sortilèges de Pip, page 48.

Pour éviter les combats
Tentez d'obtenir une Réaction Amicale de la part de votre adversaire.
Jetez deux dés : une fois pour votre adversaire, et trois fois pour vous-même. Si le total que vous obtenez est inférieur au chiffre obtenu par votre adversaire, il manifeste à votre égard une Réaction Amicale. Comportez-vous alors comme si vous aviez gagné un combat.

Répétitions de l'aventure
Si vous décidez de tenter l'aventure de nouveau, tous les adversaires tués antérieurement restent morts. Tout trésor ramassé est perdu, à moins d'indication contraire précise.

COLLECTION FOLIO JUNIOR

DÉJA PARUS

Allan, Ted
Histoire d'un souricureuil

Andersen, Hans Christian
La reine des neiges
La vierge des glaciers

Anonymes
Ali Baba et les quarante voleurs
Aventures du baron de Münchhausen
Histoire d'Aladdin ou la lampe merveilleuse
Histoire de Sindbab le marin
Le petit bossu
Le roman de Renart *Tome 1*

Asturias, Miguel Angel
L'homme qui avait tout tout tout

Aymé, Marcel
Les bottes de sept lieues
Les contes bleus du chat perché
Les contes rouges du chat perché

Bédollière, Émile de la
Histoire de la Mère Michel et de son chat

Beecher-Stowe, Harriet
La case de l'Oncle Tom

Bonheur, Gaston
Tournebelle

Borodine, Léonide
L'année du miracle et de la tristesse

Bosco, Henri
L'âne culotte
L'enfant et la rivière

Brissac, Elvire de
Grabuge et l'indomptable Amélie

Buisson, Virginie
L'Algérie ou la mort des autres

Burnett, Frances Hudges
Le petit lord Fauntleroy

Buzzati, Dino
Le chien qui a vu Dieu
La fameuse invasion de la Sicile par les ours

Campbell, Reginald
Sa majesté le tigre

Camus, William
Les oiseaux de feu et autres contes peaux-rouges

Capote, Truman
L'invité d'un jour

Carroll, Lewis
Alice au pays des merveilles
De l'autre côté du miroir et ce qu'Alice y trouva

Cendrars, Blaise
Petits contes nègres pour les enfants des Blancs

Chaillou, Michel
La vindicte du sourd

Colum, Padraïc
Le fils du roi d'Irlande

Cooper, James Fenimore
Le dernier des mohicans

Coué, Jean
L'homme de la rivière Kwaï
Kopoli le renne guide

Dahl, Roald
Charlie et la chocolaterie
Charlie et le grand ascenseur de verre
Les deux gredins
L'enfant qui parlait aux animaux
Fantastique Maître Renard
James et la grosse pêche
La potion magique de Georges Bouillon

Daudet, Alphonse
La dernière classe et autres contes du lundi
Lettres de mon moulin
Le petit chose
Tartarin de Tarascon

Déon, Michel
Thomas et l'infini

Dhôtel, André
L'enfant qui disait n'importe quoi
Le pays où l'on n'arrive jamais

Dickens Charles
La vie de N.-S. Jésus-Christ
Le grillon du foyer

Escoula, Yvonne
Six chevaux bleus

Fallet, René
Bulle, ou la voix de l'océan

Faulkner, William
L'arbre aux souhaits

Fon Eisen, Anthony
Le prince d'Omeyya

Forsyth, Frederik
Le berger

Frère, Maud
Vacances secrètes

Gamarra, Pierre
Six colonnes à la une

Garrel, Nadine
Au pays du grand condor
Les Princes de l'Exil

Gautier Théophile
Le roman de la momie

Gilbreth, Frank et Ernestine
Treize à la douzaine

Golding, William
Sa majesté des mouches

Gordon, Donald
Alerte à Mach 3

Grandville
Un renard pris au piège

Grimm
Hans-mon-hérisson
et treize autres contes
Les trois plumes
et douze autres contes

Gripari, Pierre
La sorcière de la rue Mouffetard *et autres contes de la rue Broca, t. I*
Le gentil petit diable
et autres contes de la rue Broca, t. II

Guillot, René
Sama prince des éléphants

Halévy, Dominique
L'enfant et l'étoile

Hatano Isoko et Hatano Ichirô
L'enfant d'Hiroshima

Held, Jacqueline
Le chat de Simulombula

Hemingway, Ernest
Le vieil homme et la mer

Hickok, Lorena
L'histoire d'Helen Keller

Hines, Barry
Kes

Jackson, Steve
La Citadelle du Chaos
La Galaxie Tragique

Jackson, Steve et
Livingstone, Ian
Le Sorcier de la Montagne de Feu

Jacob, Max
Histoire du roi Kaboul Ier et du marmiton Gauwain *suivi de* **La couronne de Vulcain**

Jayez, Renée
Guemla des collines

Kästner, Erich
La conférence des animaux
Les gens de Schilda

Kemal, Yachar
Le roi des éléphants

Kessel, Joseph
Le lion
Le petit âne blanc
Une balle perdue

Kipling, Rudyard
Histoires comme ça
Le livre de la jungle

Kis, Danilo
Chagrins précoces

Korczak, Janusz
Le roi Mathias Ier
Tome I, Tome II

La Fontaine, Jean de
Le loup et l'agneau et autres fables

Lansing, Alfred
Les rescapés de l'endurance

Laureillard, Rémi
Fred le nain et Maho le géant
Une fée sans baguette

Le Clézio, J.M.G.
Celui qui n'avait jamais vu la mer
Lullaby

Leroy, Eugène
Jacquou le Croquant

Leuse, Claude de
La Belle et le Feijao

Livingstone, Ian
La Cité des Voleurs
La Forêt de la malédiction
L'Ile du Roi Lézard
Le Labyrinthe de la Mort

London, Jack
L'Amour de la vie
suivi de **Négore le Lâche**
L'appel de la forêt
Croc-Blanc
Le loup des mers
Le mouchoir jaune
Un petit soldat

Mac Orlan, Pierre
L'ancre de miséricorde
Les clients du Bon Chien Jaune

Malineau, Jean-Hugues
La tue-mouche

Malot, Hector
En famille, *t. I*
En famille, *t. II*
Sans famille, *t. I*
Sans famille, *t. II*

Manceron, Claude
Austerlitz
Le citoyen Bonaparte

Massepain, André
L'île aux fossiles vivants

Maurois, André
Patapoufs et Filifers

Ménard, Jean-François
L'île du Dieu maussade
Le voleur de chapeaux

Mirman, Louis
Le silex noir

Monfreid, Henri de
Abdi, enfant sauvage

Mörike, Eduard
Un voyage de Mozart à Prague

Neil, A.S.
Le nuage vert

Norton, Mary
Tous les géans sont-ils bien morts ?

Ollivier, Jean
Histoire du gaillard d'avant

Pef
La grande aventure du livre

Pelot, Pierre
Sierra brûlante

Pergaud, Louis
La guerre des boutons

Perrault, Charles
Contes de ma mère l'Oye

Peyramaure, Michel
La vallée des mammouths

Prévert Jacques
Contes pour enfants pas sages
Lettres des îles Baladar

Price, Willard
Pièges dans la jungle
Pièges sous le Pacifique

Renard, Jules
Poil de carotte

Roy, Claude
Enfantasques
La maison qui s'envole
Le chat qui parlait malgré lui

Saint-Exupéry, Antoine de
Le petit prince

Saint Luc
Évangile selon saint Luc

Sand, George
Histoire du véritable Gribouille

Scott, Walter
Ivanhoé, *t. I*
Ivanhoé, *t. II*

Ségur, Comtesse de
L'auberge de l'Ange-Gardien
François le bossu
Jean qui grogne et Jean qui rit
Le général Dourakine
Le mauvais génie
Les bons enfants
Les deux nigauds
Les malheurs de Sophie
Les nouveaux contes de fées
Les petites filles modèles
Les vacances
Mémoires d'un âne
Un bon petit diable

Sempé
Marcellin Caillou

Sempé/Goscinny
Joachim a des ennuis
Le petit Nicolas et les copains
Les récrés du petit Nicolas
Les vacances du petit Nicolas

Séverin, Jean
Le soleil d'Olympie

Solet, Bertrand
Les révoltés de Saint-Domingue

Stahl, Pierre-Jules
Les aventures de Tom Pouce

Steig, William
Dominic
L'île d'Abel

Steinbeck, John
Le poney rouge

Stevenson, Robert Louis
Le diable dans la bouteille
L'île au trésor

Stranger, Joyce
Le renard rouge et les tambours fantômes

Sue, Eugène
Kernok le pirate

Swift, Jonathan
Voyage de Gulliver à Lilliput

Thompson, Kay
Eloïse

Thurber, James
La dernière fleur

Tolstoï, Léon
Maître et serviteur

Tournier, Michel
L'aire du Muguet
Les rois mages
Sept contes
Vendredi ou la vie sauvage

Twain, Mark
La célèbre grenouille sauteuse *et autres contes*
Huckleberry Finn
Les aventures de Tom Sawyer

Vernes, Jules
Autour de la lune
Aventures de trois Russes et de trois Anglais dans l'Afrique Australe
Cinq semaines en ballon
De la terre à la lune
Le tour du monde en 80 jours
La journée d'un journaliste américain en 2889
suivi de **L'éternel Adam**
Les Indes noires
Les révoltés de la « Bounty »
Maître Zacharius *suivi de*
Un drame dans les airs
Michel Strogoff, *t. I*
Michel Strogoff, *t. II*
Une fantaisie du docteur Ox
Un hivernage dans les glaces
Voyages au centre de la terre

Viollet-le-Duc
Le siège de la Roche-Pont

Wells, H.G.
La guerre des mondes
La machine à explorer le temps

Wilde, Oscar
L'anniversaire de l'infante
suivi de **L'enfant de l'étoile**
Le prince heureux
Le géant égoïste *et autres contes*

Williams, Charles
Fantasia chez les ploucs

Wolgensinger, Jacques
L'épopée de la croisière jaune

Wou tcheng-En
Le roi des singes

Zimnik, Reiner
Les tambours

Folio Junior, c'est aussi cinq séries :
Poésie, Énigmes, Légendes, Science-Fiction et Bilingue.

Achevé d'imprimer
le 14 octobre 1985
sur les presses de
l'Imprimerie Hérissey
à Évreux (Eure)

N° d'imprimeur : 38398
Dépôt légal : Octobre 1985
1er dépôt légal dans la même collection : Septembre 1985
ISBN 2-07-033314-0

Imprimé en France

36801